现代图书馆参考咨询服务

孙 琪 著

北京师范大学出版集团
BEIJING NORMAL UNIVERSITY PUBLISHING GROUP
安徽大学出版社

图书在版编目(CIP)数据

现代图书馆参考咨询服务/孙琪著. —合肥:安徽大学出版社,2015.12
ISBN 978-7-5664-1019-1

Ⅰ.①现… Ⅱ.①孙… Ⅲ.①图书馆工作－参考咨询－咨询服务 Ⅳ.①G252.61

中国版本图书馆CIP数据核字(2015)第278486号

现代图书馆参考咨询服务 　　　　孙 琪 著

出版发行：	北京师范大学出版集团 安 徽 大 学 出 版 社 (安徽省合肥市肥西路3号 邮编230039) www.bnupg.com.cn www.ahupress.com.cn
印　　刷：	合肥现代印务有限公司
经　　销：	全国新华书店
开　　本：	170mm×240mm
印　　张：	14.75
字　　数：	183千字
版　　次：	2015年12月第1版
印　　次：	2015年12月第1次印刷
定　　价：	39.00元

ISBN 978-7-5664-1019-1

策划编辑:鲍家全		装帧设计:李　军	
责任编辑:徐　建		美术编辑:李　军	
责任校对:程中业		责任印制:陈　如	

版权所有　侵权必究

反盗版、侵权举报电话:0551－65106311
外埠邮购电话:0551－65107716
本书如有印装质量问题,请与印制管理部联系调换。
印制管理部电话:0551－65106311

目 录

前　言 …………………………………………………………… 1

第一章　图书馆参考咨询工作概论 …………………………… 1
第一节　信息服务和图书馆参考咨询 ………………………… 1
第二节　图书馆参考咨询工作要素 …………………………… 13
第三节　参考咨询工作发展历程 ……………………………… 18

第二章　参考咨询工作的组织机构与人员 …………………… 29
第一节　参考咨询工作机构 …………………………………… 29
第二节　参考咨询工作平台 …………………………………… 33
第三节　参考咨询人员的设置 ………………………………… 40
第四节　参考咨询馆员的培训 ………………………………… 48

第三章　参考信息源建设 ……………………………………… 53
第一节　参考信息源的特点 …………………………………… 53
第二节　参考信息源的类型与范围 …………………………… 57
第三节　参考信息源建设原则及策略 ………………………… 66
第四节　电子参考信息源 ……………………………………… 72

第四章　参考咨询服务形式 …………………………………… 79
第一节　信息咨询的一般程序 ………………………………… 79
第二节　信息咨询的基本方法 ………………………………… 86

第三节　参考咨询服务的类型…………………………………91
　　第四节　参考咨询服务业务案例………………………………98

第五章　参考咨询服务内容……………………………………118
　　第一节　解答咨询服务…………………………………………119
　　第二节　书目参考服务…………………………………………121
　　第三节　信息检索服务…………………………………………128
　　第四节　情报研究服务…………………………………………133
　　第五节　用户教育服务…………………………………………136
　　第六节　咨询接谈………………………………………………142

第六章　参考咨询业务质量管理………………………………151
　　第一节　参考咨询与质量管理…………………………………151
　　第二节　参考咨询质量管理建设………………………………156
　　第三节　参考咨询质量管理体系文件范例……………………166

第七章　数字参考咨询…………………………………………176
　　第一节　数字参考咨询服务概况………………………………176
　　第二节　数字参考咨询服务平台的设计………………………186
　　第三节　数字参考咨询服务质量评价…………………………194
　　第四节　数字参考咨询服务的法律问题………………………203
　　第五节　数字参考咨询服务的发展趋势………………………212

参考文献……………………………………………………………224

前　言

随着网络的普及和越来越多的人选择利用网络查找信息，图书馆通过网络向用户提供参考咨询服务，解答用户在利用网络资源过程中出现的各种问题，越来越受到人们的欢迎。从国际上看，越来越多的图书馆开始关注和重视现代参考咨询服务，如何向读者提供优质高效的信息服务已成为图书馆发展面临的重要问题。现代化及数字化的参考咨询工作是网络环境下图书馆参考服务的发展方向，被视为未来图书馆的核心工作之一。积极探讨参考咨询的发展方向，有助于更好地为图书馆读者提供服务，同时对提升图书馆的社会影响力有着深远的意义。

本书共分七章，对参考咨询发展概况、参考咨询工作的组织、参考咨询馆员的素质要求、参考信息源建设、参考咨询服务内容、方法及标准化、图书馆数字参考咨询发展趋势等，作了较全面、系统的论述与探讨，具有学术性、实用性和简明性的特点。本书旨在通过上述理论和方法的介绍，增强图书馆界对参考咨询服务工作的理解和认识。

在本书的编写过程中，充分考虑到图书馆行业的实际特点和专业性质，注重从图书馆专业的视角理解和运用参考咨询服务工作理论，为图书馆参考咨询服务提供具有很强参考价值和操作性的管理工具。本书是作者长期从事参考咨询工作的经验总结和体会，在写作过程中，作者也查阅和参考了大量有关文献。本书的出版得到了安徽大学出版社领导的关心与支持,尤其是编辑室各位老师给予了大力支持与帮助,在此一并表示衷心的感谢。

由于作者水平有限,书中难免有缺点、疏漏与不足,恳望专家、同行和读者批评指正。

孙　琪

第一章 图书馆参考咨询工作概论

第一节 信息服务和图书馆参考咨询

一、信息服务

信息服务涉及社会生活的诸多领域。狭义的信息服务是指对信息进行收集、加工、存储、传递和提供的社会化经营活动。网络时代,人们每时每刻都处于信息的包围之中,面对大量无序的信息资源,人们往往手足无措。而去粗取精、迅速准确地找到所需要的信息,就是信息服务的本质。现代社会信息服务具有十分丰富的内涵,它可以理解为以用户的信息需求为依据,围绕用户面向用户开展的一切服务性活动。当前的信息服务,无论是在内容上、形式上,还是在服务的广度和深度上,都发生了天翻地覆的变化。随着社会的不断进步,信息服务的规模和效益对社会发展的影响将越来越大。我国的信息服务经过长期的发展,已经形成了一个多层次的,包括科技、经济、文化、新闻、管理等各类信息在内的,面向各类用户,以满足专业人员多方面信息需求为目的的社会服务网络。在整体服务网络中,各类信息服务部门既分工,又协调,开展各具特色的服务工作。

1. 信息服务的特征

从综合角度看,信息服务的特征主要有:(1)社会性。信息服务的社会性不仅体现在信息的社会产生、传递与利用方面,而且体现在信息服务的社会价值和效益上,决定了信息服务的社会规范。(2)知识性。信息服务是一种知识密集性服务,不仅要求服务人员具有综合知识素质,而且要求用户具备相应的知识储备,只有在用户的知识与信息相匹配时才能有效地利用信息服务。关联性。信息、信息用户与信息服务之间存在着必然的关联,三者之间的内在联系是组织信息服务的基本依据,也是信息服务组织模式的决定因素。(3)时效性。信息服务具有显著的时间效应,这是因为信息只有及时使用才具有价值,过时的信息将失去使用价值,甚至会产生负面影响,因此,信息服务中的信息存在"生命期"问题。(4)指向性。任何信息服务都指向一定的用户和用户的信息活动,正因为如此才产生了信息服务的定向组织模式。伴随性。信息的产生、传递与利用总是伴随着用户活动而发生,所以信息服务必须要按用户的主体活动的内容、目标和任务来组织,以便对用户的活动能有所帮助。(5)公用性。除了某些专门服务于单一用户的信息服务机构外,面向大众的公共信息服务部可以同时为多个用户服务,这也是信息服务区别于其他社会化服务的特征之一。(6)控制性。信息服务是一种置于社会控制之下的社会化服务,因此信息服务的开展关系社会的运行、管理和服务对象的利益,它要受国家政策的导向和法律的严格约束。

2. 信息服务的体系结构

信息服务的对象十分广泛，不同类型的信息服务构成了信息服务的体系。按照不同的分类标准可以对信息服务进行不同的分类。一般说来，基于国内目前的情况，大致可以按照十个方面进行分类。

▲按照信息服务所提供的信息类型分为实物信息服务（向用户提供产品样本、试验材料等实物，供用户分析、参考、借鉴）、交往信息服务（也称口头信息服务，通过"信息发布会"等活动向用户提供他们所需要的有关信息）、文献信息服务（根据用户需求，为其提供文献，包括传统的印刷型文献和电子文献）、数据服务（向用户提供所需要的各种数据，供其使用）。按信息服务所提供的文献信息加工深度分为一次文献服务（向用户提供原始文献或其他信息）、二次文献服务（是指将原始文献信息通过搜集、整理、加工成反映其线索的目录、题录、文摘、索引等中间产物，从而向用户提供查找文献信息线索的一种服务）、三次文献服务（是指对原始文献信息进行研究，向用户提供文献信息研究结果的一种服务，它包括"综述文献"服务、文献评介服务等）。

▲按信息服务的内容分为科技信息服务、经济信息服务、法规信息服务、技术经济信息服务、军事信息服务、流通信息服务等。这些信息服务一般按用户要求进行，具有专业领域明确、形式固定的特点。

▲按信息服务的方式分为宣传报道服务、文献借阅服务、文献复制服务、文献代译服务、专项委托服务、信息检索服务、咨询服务、研究预测服务等。

▲按信息服务手段分为传统信息服务（是指通过信息工作人员的智力劳动所进行的信息服务，如利用书本式检索工具书提供检索服务）、电子信息服务（是指借助于计算机和网络系统

开展的信息服务）。

▲按服务用户范围分为单向信息服务（面向单一用户所进行的针对性很强的服务）、多向信息服务（面向众多用户在一定范围内进行的信息服务）。

▲按信息服务时间长短分为长期信息服务、即时信息服务。按信息服务的范围分为内部服务、外部服务。

▲按信息服务的能动性分为被动信息服务、主动信息服务。
另外，按信息服务收费方式分为无偿信息服务、有偿信息服务。

二、信息服务的内容

信息服务应该包含如下几个内容：

1. 信息资源开发服务

这是信息服务的基本工作，也是信息搜集、加工、标引等各项工作的目的所在。人类要进步，社会要发展，都必须重视信息资源的开发工作。许多看似没什么价值的原始材料，一经收集、整理和加工，往往会价值倍增，这就是信息资源开发的意义所在。

信息传递与交流服务。交流与传递是信息的重要特征之一，因为信息只有进行交流与传递，才会使世界各国能够同时分享科学技术发展所带来的胜利果实。如果信息不进行传递与交流，则信息就会失去存在的价值，更不能发挥其应有的作用。

2. 信息加工与发布服务

对用户来说，不是所有信息都是可以直接利用的，"信息泛滥"早已是信息社会一个不争的事实。要做好信息服务，其中一项重要工作就是对信息进行加工整理,并将加工后的信息予以及时发布方能发挥信息的作用。图书馆对信息进行搜集、加工、整理,其目的是为了提供给用户使用。通过用户对信息的利用,解决用户生产、生活、学习中遇到的问题,从而推动社会的发展和进步。

用户信息活动的组织与信息保障服务。信息用户,由于其学历、职称、知识结构、文化素养、兴趣爱好等的不同,因此,其把握信息、利用信息的能力也就参差不齐,图书馆应积极开展用户信息活动的组织和信息保障服务,帮助他们更好、更准确地掌握信息,利用信息。

三、信息服务的要求

信息资源开发的广泛性。信息服务须在充分开发信息资源的基础上进行,只有这样才能保证向用户提供的信息没有重大遗漏。为此,在信息服务工作中首先要注重用户需求调研,尽可能地吸收用户参与工作。

信息服务的充分性。充分性是指充分利用各种条件和一切可能的设备,组织用户服务工作。同时充分掌握用户需求、工作情况等,以确保所提供的信息范围适当、内容完整。

信息服务的及时性。及时性的含义包括两个方面:一是接待用户和接受用户的服务课题要及时;二是所提供的信息要及时,尽可能使用户以最快的速度得到他们所需要的最新信息。为了实现这一目标,必须保证有畅通的信息获取渠道和用户联系渠道。

信息服务的精练性。信息服务中的一个至关重要的问题就是向用户提供的信息要精,要能解决问题,即向用户提供关键性信息。要达到这个要求,就必须提高信息服务人员的业务素质,信息服务人员必须要在信息服务工作中加强信息分析与研究工作,开展专项服务工作,努力提高专业性信息服务的质量。

信息提供的准确性。准确性是信息服务的基本要求,不准确的信息对于用户来说,不仅无益,而且有害,它将导致用户决策的失误,造成损失。信息服务的准确性,不仅要求搜集信息要准确,而且要避免信息传递中的失真;同时对信息的判断要准确,做出的结论要正确、可靠。

信息服务收费的合理性。随着市场经济的发展,许多无偿服务已经向有偿服务或部分有偿的服务发展。信息服务也无例外。目前,大多信息服务都是有偿服务,但是从用户角度看,支付服务费用就应当确保一定的投入产出效益。这就要求在服务管理上要有科学性,同时注意信息服务的高智能特征,在国家政策指导下制定合理的收费标准。

四、图书馆参考咨询服务概述

图书馆参考咨询服务肇始于19世纪下半叶的美国公共图书馆和高等院校图书馆。然而,自1876年美国麻省伍斯特公共图书馆馆长格林(Samuel Swett Green)首先提出"参考工作"的概念以来,国内外关于"参考咨询"一词众说纷纭,比较有代表性有:

英国的《不列颠百科全书》(2002年版)称:参考服务是图书馆员为使读者最充分地利用馆藏并满足他们的信息需求而为读者提供的个人帮助。日本的《图书馆用语辞典》条目指出:"图书馆员帮助读者得到所需要的情报资料,给读者以这方面的直接协助;或为了有效地开展这项活动而整理、编纂必要的资料,以及图书馆为此目的而开展的各项业务工作,就叫做参考咨询工作。"美国图书馆协会所编的《图书馆学术语辞典》认为参考咨询工作是"图书馆直接帮助读者获得答案及利用馆藏资料从事学习及研究"。美国参考咨询专家威廉·A·卡茨则在《参考工作导论》一书中提出:参考咨询最基本的含义就是解答各种问题。美国参考服务历史学家塞缪尔·罗斯坦强调了"参考咨询工作"与"参考咨询服务"的定义的区别,他认为:"参考咨询工作的本质特征是图书馆员对提供资料的利用者提供个人的协助,而参考咨询服务除了这种协助外,图书馆还应认知此种协助为图书馆不可或缺的责任。"所以,参考咨询服务是广义的参考咨询工作。在我国,有学者称:参考咨询工作是图书馆为读者提供的服务的一种,它是以客观社会需要为契机,以文献为纽带,通过各种方式为读者搜集、存储、检索、揭示和传递信息的业务过程。也有学者称:参考咨询工作是图书馆员与读者间的一种不同知识类型的信息转移运动过程,它是以读者的需要为线索,以信息载体为纽带,由馆员向读者揭示信息、传递信息以及向读者提示检索方法并从存储信息中找出所需问题之结果的业务过程。还有学者称参考咨询工作是图书馆员给予寻求情报的各个读者的个人帮助;而参考咨询服务还包含着图书馆对于这项工作所承担责任的明确的认识,还包含着为了这个目的而建立的一个专门机构。《中国大百科全书》图书馆学情报学档案学卷"参考咨询"条目的提法是:"参考咨询是图书馆员对读者在利用文献和寻求知识、情报上提供帮助的活动。它以协助检索、解答咨询和专题文献报道等方式向读提供事实、数据和文献线索。"

  随着社会信息化程度的不断提高,图书馆信息服务的内容不断丰富、方式日渐多样。在网络环境下,参考咨询服务呈现诸多新特点,为参考咨询服务注入了新的内涵,出现了"网络参考咨询"、"虚拟参考咨询"、"实时参考咨询"、"合作式数字参考咨询"等概念。从上述说法可以看出,参考咨询的内涵、外延,在不同的时代、不同的国家有着不同的理解和表述。目前,我国图书情报界对参考咨询的定义一般采用《中国大百科全书》的提法,即参考咨询是图书馆为读者或用户利用文献和查寻资料提供帮助的一系列工作,以协助检索、解答咨询和文献研究等方式向用户提供事实、数据、文献线索和研究报告,是图书馆开发信息资源的重要手段。在有些国家,图书馆参考咨询服务甚至还包括解答读者对生活问题的咨询。简单地讲,参考咨询就是信息咨询,是图书馆员为读者(用户)利用文献和寻求知识、情报方面提供帮助的活动。随着社会信息化和图书馆信息服务社会化,高层次的参考咨询服务已开始转移到以文献信息的深层次开发与智力的充分发挥为重心,运用现代化技术手段与科学方法为用户提供知识、信息、经验、方法与策略的服务。

参考咨询工作既具有其他读者服务工作所共有的属性,也有其自身特殊的个性。参考咨询工作从最初的一般的"帮助读者",发展到当代的"情报(信息)服务",已成为读者服务中最为活跃的内容,并表现出以下一些特点:

1. 服务性

所谓"服务性",即参考咨询工作从本质上说是一种知识信息服务。图书馆业务工作内容广泛、环节众多,但同时又是一个由一系列相互联系的工作环节组成的有机整体。其工作一般包括藏书建设与读者工作两大体系。参考咨询工作属于读者服务工作范畴,而读者服务工作岗位作为图书馆的一线岗位,是图书馆直接为读者提供各种服务的窗口。戚志芬在《参考工作与参考工具书》一书中谓"参考工作是图书馆为读者服务的一种"。图书馆本身是一个文献信息服务机构,其自身的服务性也正是通过图书馆整体业务活动来体现的。参考咨询服务作为图书馆开展服务的一种重要方式,是图书馆传统读者服务工作的延伸和发展。

2. 针对性

从参考咨询服务的目的来看,它具有很强的针对性。参考咨询主要针对读者的学习、工作与生活中所遇到的问题,提供文献信息服务,以满足读者越来越个性化的服务需求。读者需求是开展咨询服务的前提,没有读者需求,也就没有图书馆的咨询服务,所以调查了解读者的信息需求是开展参考咨询服务的基础。各类型各层次的图书馆的服务对象是不同的,参考咨询应根据图书馆的方针和任务开展读者需求调查研究,以分清工作的轻重缓急,明确服务重点。比如,公共图书馆担负着为所在地区的党政机关和有关的企事业单位服务的任务,参考咨询的重点是为政府决策和经济建设服务;高校图书馆重点为学校教学与科研服务,参考咨询服务的对象主要是教师和学生,服务的重点是教学与科研;科研单位图书馆主要为本系统科研工作及领导决策服务,参考咨询的服务内容专业性很强。

3. 实用性

尽管各类型图书馆参考咨询工作的任务各不相同,但总体而言,参考咨询服务的出发点和归宿都是为了满足社会需要,解决用户(读者)在生活、工作和学习中遇到的实际问题。如科研图书馆和高校图书馆为科研、教学服务,公共图书馆开展社区服务以及为领导决策和企业发展提供咨询服务。

从参考咨询工作的效果来看,具有一定的实用性。首先,读者在实际生活、工作和学习中,必然会碰到各种各样的问题,则参考咨询馆员就能帮助读者获取资料和利用图书馆资源,为读者查找资料节约大量时间。其次,参考咨询服务还有利于深入开发文献资源,提高文献资源的利用率,为科技人员、领导决策和企业发展提供丰富的文献资源和动态信息。例如,随着图书馆情报职能的增强和现代化技术的应用,高校图书馆从优化资源配置、提高服务质量、方便读者等方面入手,在保证为高校的教研工作提供服务的基础之上,扬长避短,立足实用参与社会情报服务,为社会提供实用易得的经济信息服务。参考咨询服务突出体现了图书馆的情报职能与教育职能,它所表现出来的工作水平与开发能力反映了图书馆服务质量的优劣,参考咨询工作的社会价值体现在工作效率、社会效率和为经济建设服务的效益等方面。

4. 多样性

从参考咨询的内容和形式来看,参考咨询呈现出多样性的特点。首先,读者咨询的问题多种多样。有来自社会各个部门的咨询问题,也有涉及学科领域的专门问题;有综合性的咨询,也有专题性的咨询;有文献信息咨询,也有非文献信息咨询。当然,并非读者提出的一切问题,图书馆都应给予解答,只有属于图书馆服务范围的问题,才是参考咨询的服务内容。其次,参考咨询形式多样化。从读者提问的形式看,有到馆咨询、电话咨询、信件咨询、网络咨询等多种形式;从馆员对具体问题所采取的方式看,有文献检索方法辅导、提供查找文献线索、提供原文、定期提供最新资料、提供专题研究报告等。

5. 智力性

从参考咨询所需的技术来说,它属于一种知识密集型的智力劳动。参考咨询工作是图书馆员与读者之间进行的知识信息的传递、交流与反馈的智力运动过程。例如,加拿大公共政策研究所所长就用"催化剂、合成器和播种机"的比喻,形象地概括了咨询活动的高智能特性。参考咨询服务往往涉及研究性、探索性的工作,如综述、述评、专题研究报告、动态分析、社会预测报告等,这些工作也是一种智能化的科学劳动,它要求参考馆员具有广博的知识和较强的综合分析能力,否则,是不可能胜任这种智力劳动的。例如,一些大型图书馆设有专门的情报研究室为政府、企业、科研机构人员提供辅助决策服务。当今,图书馆一般都设立了专门的部门并安排专门的工作人员,从事定题跟踪服务、专题文献调研,编制专题文献书目、文摘、论文索引或特定的资料汇编等工作。

图书馆参考咨询服务不像外借流通服务那样直接简单地为读者提供原始文献,在解答读者咨询问题中,除少数的咨询问题可以仅凭借图书馆工作人员的知识和经验就能立即回答外,大部分问题都要通过将对文献的检索、加工、整理、分析、研究等活动结合起来,以文献查找、选择与利用为依据,向读者提供具体的文献、文献知识和文献检索途径才能解决。它是一种复杂的、学术性较强的、对服务人员素质要求较高的服务方式。

6. 社会性

所谓"社会性",是指参考咨询工作是一种开放性的服务系统,与社会息息相通。参考咨询服务是图书馆员对读者在利用文献和寻求知识、情报方面提供帮助的活动。它以协助检索、解答咨询、专题文献报道、情报检索服务等方式向读者提供其所需的文献和情报信息。随着信息社会的发展和计算机技术、通信技术、数据技术、网络技术等现代信息技术在图书馆的广泛应用,参考咨询服务的社会化程度日益加深,服务的范围进一步扩大。网络技术的应用消除了地域界线,使图书馆的服务对象不再局限于馆内读者,而是扩大到网络终端的每一个用户。网络的日益普及,也使得图书馆成为网络中的一员和共享资源的一部分。

图书馆是信息产业的有机组成部分之一,其社会职能主要是保存人类文化遗产、开展社会教育、传递科学信息和开发智力资源四种。参考咨询服务是一种开放性的社会服务系统。首先,咨询服务对象具有鲜明的社会性。参考咨询服务就是图书馆运用各种方法帮助读者解答在科研和生产中需要查阅文献资料而出现的疑难问题,为读者提供所需的文献和情报。随着社会信息化程度的不断提高及图书馆服务观念的转变,参考咨询服务的社会化程度日益加深,服务对象与范围进一步扩大。尤其是在开展了合作咨询和网上咨询服务以后,其服务对象已不再限于馆内读者,本社区乃至跨地区、跨国界的有关用户都可能成为服务对象。其次,咨询队伍具有鲜明的社会性。由于科学技术的发展,科学知识与信息资源急剧增长,光靠一个图书馆的力量已无法单独完成各种资源库的建设及解答各种咨询问题,更谈不上对各种咨询软件的研制与开发。知识与资源的共建共享势在必行,咨询队伍建设的协作化与社会化进一步发展,出现了跨地区跨国界的合作咨询。再次,咨询服务内容具有社会性。随着图书馆日益融入社会信息化的浪潮之中,参考咨询服务的内容也由过去以学科咨询、专业咨询为主转向为广大用户提供涵盖学习、生活、工作等方面的各类社会化信息,以最大限度满足用户日益增长的信息需求。

由于用户信息需求具有多元化和个性化的特点,图书馆参考咨询服务的内容也从以学科咨询、专业咨询为主逐渐转向为广大用户提供遍及政治、经济、社会文化以及个人爱好等方面的各类社会化信息。这种新的态势使得单靠一个图书馆的力量有时很难回答用户所咨询的问题,必须借助外部力量,以共同应对综合性课题的解答任务。因此,无论是咨询队伍,还是服务对象都具有鲜明的社会性特点。

第二节　图书馆参考咨询工作要素

一、参考咨询工作体系

参考咨询工作的开展涉及多个方面的因素,如咨询台、咨询人员、参考文献源、咨询内容、咨询模式等。各个因素相互依赖、相互作用,共同形成参考咨询工作体系。因此,采用系统的观点来分析参考咨询体系的构成要素,明确构建原则,合理配置各项咨询要素,规范工作模式,将有助于提高参考咨询工作的效率和质量。

要构建合理有效的图书馆参考咨询体系,首先必须明确其构成要素。参考咨询体系的构成要素很多,主要包括以下几个方面:

1. 咨询对象

不同的图书馆具有不同的任务、不同的用户群体,参考咨询工作首先应根据图书馆的根本任务,分析用户群体的构成、需求特点,确定参考咨询服务的对象

2. 服务内容

在用户需求分析基础上确定参考咨询工作的服务内容和服务形式。目前,图书馆提供的咨询内容丰富多彩,形式多种多样。在服务内容上,有针对图书馆的基本情况的问题,如馆室结

构、藏书布局、机构设置、服务项目（包括基础服务和扩展服务）、开放时间、规章制度等方面的一般性问题；也有比较专深的检索类问题；还有各种宣传活动和专题讲座等，如各种信息发布、信息资源的宣传、文献检索方法的培训、网络资源导航、观看录像、组织实地参观、文件传输（FTP）和视频点播（VOD）服务、学术讲座、专题展览等。此外，文献资源的数字化建设和专题数据库建设也是参考咨询的重要内容。在服务形式上，馆员与用户互动，有面对面的交流、通信、电话、传真、E-mail、虚拟咨询台等。各馆面对的用户群体不同，其信息需求也不同，参考咨询服务的内容应根据用户的实际需求进行选择。

3. 参考咨询员

参考咨询员是咨询的主体，是整个咨询体系中最活跃和最具决定性的因素。一般大型图书馆都设立专门的咨询部门，配备专职的参考咨询员，开展各种咨询服务。参考咨询员的业务素质和工作态度对咨询的成败和质量的高低具有决定性的影响，因此，选择优秀的参考咨询员是咨询工作成败的关键。

4. 参考信息源

参考信息源是开展参考咨询工作所必备的各种常用文献资源，包括各类检索工具书和电子资源。对于一些简单的常规性问题，咨询人员通常可以凭借自己知识和经验即可即时解答，但是对于比较复杂和专深的问题，咨询人员则必须借助一定的咨询信息源才能做出解答。这些咨询信息源通常包括各种工具书和数据库，但在必要时还需综合运用多种文献信息资源。即使是针对用户在利用图书馆场所、设施和组织策划服务中提出的咨询问题，有时也需要一些特殊的咨询信息源，例如，有关该项服务的介绍资料、服务制度和规定、设施设备的使用说明、成功

案例资料、合同样稿、多媒体演示系统等

5. 参考咨询平台

参考咨询工作要有一定的场所、设施和其他技术手段来支持，它们的总体可以视为一个参考咨询平台。参考咨询平台包括参考咨询服务台、参考工具书、电话、电脑、打印及网络设备、文献资源数据库等。图书馆一般在馆内设置总咨询台，并配备专职或兼职的总咨询员。总咨询员应对全馆的基本情况和各业务部门的服务内容和程序都有比较深入的了解，并且最好能够熟练使用各种工具书、熟悉本馆目录系统和常用数据库的基本检索方法，以备用户对这些问题的咨询。

6. 咨询规范

咨询规范规定了开展咨询工作的方法、程序和制度。咨询规范的内容主要包括：咨询服务管理办法、咨询受理和服务程序、用户咨询须知、咨询服务公约、咨询收费标准、咨询合同和咨询报告的标准文本格式、咨询档案和咨询统计管理制度，以及图书馆的相关规章制度和国家的相关法律法规（如《科学技术保密规定》）等。对于一些特殊性质的咨询工作，还必须遵守国家有关的专门规范，例如，科技查新咨询就必须严格执行科技部制定的《科技查新规范》等文件的规定，建立一套完善的咨询规范体系，对咨询工作进行规范化管理，这是提高咨询服务水平的重要保证。

二、参考咨询体系的构建原则

各图书馆应结合本馆实际情况，协调各项咨询要素的建设与配置,力争构建一个全面、高效、优化、开放的综合咨询体系。参考咨询体系的构建必须根据图书馆的实际需要,同时坚持如下原则:

1. 围绕信息用户

从我国参考咨询服务发展现状可以看出,图书馆参考咨询服务是围绕资源展开的,而不是围绕用户需求展开的。参考咨询注重馆藏文献资源的利用与开发,而忽视对用户需求和围绕用户需求的现代信息服务保障体系的研究。参考咨询是用户与馆员之间的交流行为,说到底是人与人之间的交流行为,因此参考咨询要牢固树立"以人为本"的原则。首先要以用户为中心,深入研究用户需求特点,建立综合信息服务体系,尽可能为用户提供各种方便,满足用户的各种合理要求;其次,要以馆员为本,通过营造方便、舒适、快捷的咨询工作环境,充分调动馆员的积极性、能动性和创造性,开展深层次的服务,提高参考咨询服务的水平

2. 坚持服务至上

参考咨询工作是图书馆为用户服务的重要内容之一,目的也是为了提高图书馆服务的质量和效率,它与服务是互为一体的。因此,要坚持在咨询中服务,在服务中咨询,以咨询促进服务,以服务推动咨询。只有坚持咨询与服务的紧密结合,才能谋求图书馆服务与管理的不断发展。

3. 坚持分工协作

图书馆本身是一个协作性非常强的机构,参考咨询用户来自社会各行各业,咨询问题五花八门。用户需要的是具有参考价值的特殊的个性化信息,而不是优劣混杂、质量低下的相关信

息。要回答用户的各种咨询问题,往往依靠一个图书馆的力量是远远不够的,所以开展参考咨询工作需要图书馆之间分工协作,从而满足社会各领域的众多的用户对信息的不同层次、不同角度的需求。

三、参考咨询体系的评价

对所构建起来的参考咨询体系,图书馆应定期对其进行评价,以不断优化和改进。评价时主要可以从以下两个方面加以考察:

1.评价各项要素的建设状况

主要考察各项要素的建设与配置状况能否满足咨询工作的需要,如咨询人员数量是否足够、资质是否合格、结构是否合理,咨询信息源是否全面充分,咨询平台功能是否齐全、优良,以及咨询规范体系是否健全、咨询档案记录和业务统计制度是否规范、各项要素的配置是否合理和优化等。

2.评价参考咨询体系运行状况和效果

主要考察咨询体系的运行是否顺畅、运行效果如何,是否达到了预期的目标、确实促进了图书馆的各项服务和管理工作;咨询工作的业务数量有多少,各类咨询业务的分布情况如何;用户是否满意,满意程度如何;所建立起来的咨询体系是否有疏漏,是否覆盖了图书馆的全部服务区域,是否体现了建立咨询体系的最初理念,是否确实和始终坚持了事先确定下来的那些指导原则等。

在具体的评价工作中,可以事先制定一系列比较详细的评价指标,然后将这些指标与实际情况加以对照比较做出评判。

应该说,当前我国图书馆事业的发展是相当快的,许多图书馆的服务内容不断增多,服务手段不断革新。与此相应,咨询工作和咨询理论也应谋求不断发展和创新。

第三节 参考咨询工作发展历程

图书馆参考咨询服务是图书馆发展到一定阶段的产物。参考咨询起源于19世纪90年代,历经百年演变,其服务内容和服务方式也不断发展变化。从近代开始,围绕指导读者利用图书馆开展的参考咨询工作成为图书馆的一项业务。参考咨询工作的发展大体经历了三个大的阶段:萌芽阶段、传统参考咨询阶段、网络参考咨询阶段

一、萌芽阶段(19世纪下半叶至20世纪20年代)

古代图书馆的功能主要是收集、保存文献,读者范围也仅限于极少数的贵族读者。由于文献数量相当有限,读者根本就不需要任何参考咨询服务。到了近代,图书馆逐渐成为一种社会文化设施,面向广大公众开放,其社会功能也由收集、保存文献发展到普及科学文化知识,进行社会教育。到19世纪下半叶,由于科学技术的发展,各学科之间相互交叉渗透,文献信息量剧增,读者的文献需求增加,传统的借借还还服务远不能满足读者需求,参考咨询服务便应运而生。

参考咨询工作是最早在美国公共图书馆和高等院校图书馆

开展起来的,是近代科技、教育、文化发展,书刊资源日益丰富以及世界图书馆事业蓬勃发展的产物。大约在1850年至1870年期间,美国图书馆界开始变革观念,提出图书馆员不是单纯的图书保管员,而应有学术上的地位与责任。1870年以后,图书馆员开始以技术员的身份对图书进行分类、编目,用科学的方法管理图书,同时开始负起指导读者使用图书资料的责任,"参考服务"概念逐渐萌生。1876年,美国麻省伍斯特公共图书馆馆长塞缪·斯威特·格林在美国图书馆协会第一届大会上交流了《馆员和读者之间的个人关系》论文,提出图书馆对要求获取情报资料的读者应给予个别帮助,倡导开展帮助读者利用图书馆的服务,这标志着参考咨询服务的正式诞生。1883年,波士顿公共图书馆为适应读者的需要首次设置专职参考馆员和参考阅览室。接着哥伦比亚大学图书馆也在1884年设置了有2名专职参考咨询员的参考咨询部。1890年前后,出现了"参考工作"这个术语。1891年,在美国《图书馆杂志》索引上,首次出现"参考咨询工作"这个索引词,并用它代替了"馆员对读者帮助"的概念。十几年间,参考咨询服务作为近代图书馆的重要标志风行美国并推向世界。1920年,威沃·纳廉·毕晓普在他的《参考服务工作理论》一书中指出:参考服务工作是图书馆为帮助读者迅速而有效地使用图书馆而做的有系统的工作。这是最早的对"参考服务工作"一词的概念界定。此后,参考咨询服务理念逐渐被图书馆界接受。

二、传统参考咨询阶段(20世纪20—80年代)

20世纪20年代以后,参考咨询作为一项崭新的服务形式引起图书馆界的关注。多数图书馆,尤其是公共图书馆,首先配备专职工作人员、配置专门藏书,并设立专门的工作部门,开展咨询性服务。参考咨询服务内容主要是利用图书馆的书目工具帮助读者查找图书、期刊、报纸等文献资料。参考咨询工作以其机动、灵活的服务方式和显著的效果大受读者(用户)欢迎,并以强大的生命力向纵深发展,成为图书馆工作的一部分。到40年代,参考咨询服务开始回答事实性咨询,为读者提供现成的答案。到五六十年代,随着科学技术的飞速发展,文献数量急剧增长,为了快速查找文献资料,图书馆需要编制大型的检索工具书,如大型联合书目、文摘型检索工具等。这一时期出现了大量的大型书目、文摘、索引等参考工具书,开展了专题文献检索、文献代查代译、定题跟踪服务等服务项目。发达国家的专业图书馆,如立法、工业、商业、研究图书馆,以藏书和人员配备上的优势,逐步扩大服务的范围,设置了新的情报机构,建立信息库、思想库,提倡并开展专题情报研究、专题文献评价及综合情报服务,参与重大决策。这类服务为发展咨询服务的技术和理论研究奠定了较好的基础。

20世纪20年代初,参考咨询理论传入中国,清华大学图书馆首先成立参考部,1929年国立北平图书馆成立参考组。随后一些大型图书馆都不同规模地开展了参考咨询服务,并结合中国目录学的传统,编纂了大量书目索引。50年代以后,参考咨询服务范围不断扩大,到60年代初成为图书馆服务的重要方式之一,配合科学研究编制了大量专题书目索引。

这时期的参考咨询服务主要采取直接服务和间接支持服务两种形式。直接服务是馆员与读者之间的直接接触,包括咨询解答、指导使用图书馆及阅读辅导工作。间接支持服务是指通过建立和健全各种书目和工具书,为读者查阅、获取有关资料提供方便的服务。参考咨询理论研究开始探讨参考咨询工作在图书馆的地位、与读者的关系、服务内容与形式、咨询方法与技巧、读者需求特点等具体问题。参考咨询工作蓬勃发展,各级各类图书馆纷纷建立参考咨询部门,开展了形式多样的参考咨询服务工作,有力推动了图书馆事业的发展。

然而,传统的参考咨询服务工作内容单一、重复,一般是被动等待读者提出问题,然后利用本馆的馆藏书刊等,有针对性地为他们查找资料及提供文献服务。这种服务方式对信息处理的方式陈旧,浪费大量时间和精力,已不适应形势发展的需要,不能保证信息的时效性、系统性、完备性。与此同时,计算机技术的发展使一些专门从事文献检索服务的专业公司开始出现,他们研究新技术、新载体,开发了一批规模不等、学科各异的数据库,并逐渐实现了联机检索。随着大量文献性数据库、数值性数据库、事实性数据库的相继出现,参考咨询工作开始进入跨地区的网络化服务阶段。

三、网络化参考咨询阶段（20 世纪 80 年代以后）

20 世纪 80 年代以来,计算机技术和网络环境全方位地改变着图书馆各项服务工作的形式和方法,图书馆从一个相对封闭的信息环境走向无限广阔的信息空间。一方面,图书馆信息资源环境发生了巨大的变化,参考文献源除了传统的纸本文献外,还有大量的电子文献资源和网络信息资源（如大型文献数据库）；另一方面,信息技术改变了图书馆的传统工作模式,图书馆管理和信息服务实现了自动化和网络化。随着虚拟参考咨询台的建立,参考咨询馆员与用户之间的信息交流和文献传递也依靠网络方式来开展,参考咨询工作进入网络化发展阶段。

1. 传统咨询服务内容的网络化

即利用网络技术实现传统的参考咨询服务,如常见问题(FAQ)服务、电子邮件服务、信息推送服务、网上数据库查询、在线咨询服务、读者教育园地等。网络参考咨询的优点在于:第一,不受时空限制。参考咨询服务方式不受时间的限制,实行全天开放,随时接受读者的信息咨询,并在最短的时间里给予正确的答复。第二,能够提供图、文、声一体化信息资源。第三,服务内容多元化发展。读者的信息需求也不仅仅局限于单一的文献借阅服务,而是向诸如光盘检索服务、读者培训服务等全方位信息服务方向发展,用户可随时随地上网查询,从而使大规模、整体化开发和利用信息成为可能。

2. 联合虚拟咨询服务

联合虚拟咨询是一种新的服务方式,由多个图书馆或咨询机构建立起协作关系,充分利用各自的有特色的信息资源和人才优势开展咨询服务,可每周7天每天24小时为用户提供咨询服务。联合虚拟咨询是图书馆数字参考服务的未来发展方向,突破了传统图书馆的界限,参考信息源不再局限于本馆资源,而是集电子文献和网络信息资源于一体;咨询馆员也不再局限于本馆馆员,而是由参与合作的参考咨询员和学科专家组成的参考咨询服务团队;服务对象也不再局限于本馆读者,而是面向全球用户。

网络技术的发展打破了时空上的限制,改变了文献加工和信息检索的手段和方法,使广大咨询服务人员有可能摆脱繁重而枯燥的手工操作,而集中时间和精力从事较高层次的思维劳动,如专题文献分析研究等。在网络环境下,图书馆信息载体多样化发展,信息来源多元化,参考咨询工作彻底变革传统的被动的服务方式,向动态服务、横向服务、层次服务方向发展,服务方式也由单一性向多样性方向发展。互联网丰富的信息资源和方便的通信方式,将人类社会带进了信息时代。读者查找信息、文献已不仅仅限于图书馆。所以图书馆员只有与读者接触,多调查了解社会对图书馆工作的愿望和要求,才能及时调整自己,适应时代的潮流,图书馆事业也才能蓬勃发展。

四、我国参考咨询的发展

咨询作为一种社会活动,在我国已有几千年的历史。在古代,帝王、贵族为了维护其统治,往往要先"问政"于史官、博士之类的谋士,然后再制定政策。而士大夫之间也有"问礼"等学术交流活动。如《礼记》、《庄子》和《史记》等书记载了孔子适周"问礼于老子"、"论史记旧闻"的史料。而老子,正是周守藏室之史,这可以被视为早期图书馆的咨询活动。

汉代以后,咨询活动有了新的发展。汉代经学家、目录学家刘向、刘歆等在校书的基础上,"条其篇目,撮其旨意,录而奏之",编成我国第一部综合性提要目录《别录》和第一部分类目录《七略》,供皇帝等参考。这可谓早期的书目参考工作。清代的《四库全书总目提要》更是具有代表性的文摘著作。20世纪初现代图书馆兴起时亦存在为查找图书资料的读者提供个别帮助的现象。但我国现代意义上的参考咨询工作则始于20世纪20年代。

1895年,康有为在《上清帝请大开便殿广陈图书书》中倡议:"开馆顾问。请皇上大开便殿,广陈图书,每日办事之暇,以一时亲临燕坐,顾问之员,轮二十员分班侍值。皇上翻阅图书,随宜咨问,访以中外之故、古今之宜、经义之精、民间之苦、吏治之弊、地方之情,或霁威赐坐,或菜果颁食,令尽所知能,无有避讳。"从科学角度来看,康有为的"咨询"倡议,可视为近代图书馆提供参考咨询服务的先声。

20世纪20年代初,先为约翰大学图书馆馆长、后为清华大学图书馆馆长的戴志骞,自美国学习图书馆知识归来后,在清华大学图书馆设立参考咨询部,被视为中国现代意义上的参考咨询之开端。在20世纪20年代前后,公共图书馆也开展了参考咨询工作。1918年京师图书馆的年终报告中就有"遇有质问,必婉词答复"的陈述。1919年,中央公园图书阅览所派员前往清华学校图书馆参观,并效仿将中外文字典分别陈列,以供查考。

1928年,北海图书馆在公共图书馆中率先设立参考科。1929年,该馆被并入北京图书馆,仍设参考组。其职责是"答复咨询事项",除开展一般读者信息咨询服务外,还负责解答国际学术咨询问题。随后,各地区一些公共图书馆也不同规模地开展了参考咨询服务,并结合中国目录学的传统,编纂了大量的书目索引。比如,1933年,江苏省立镇江图书馆已由咨询服务发展到咨询服务与书目参考并举,设置参考室,陈列参考工具书,编制索引。1936年,安徽省立图书馆也在研究部下设参考科,并特设咨询处,开展咨询服务。

中华人民共和国成立以后,由于国民经济和文化教育事业的恢复与发展,图书馆参考咨询工作很快得到恢复并有了较大发展。20世纪50年代初期,北京图书馆(今国家图书馆)、西南人民图书馆(今重庆市图书馆)、西北人民图书馆(今陕西省图书馆)、江苏省立国学图书馆(今南京图书馆)、浙江省立图书馆(今浙江省图书馆)、山东省图书馆等都设立了参考咨询组(室),分别开展了信息咨询工作,有力地配合了国家经济建设、抗美援朝和教学科研工作。据不完全统计,仅1954年,全国图书馆就解答了读者咨询11 556次,编制了各种推荐书目、参考书目953种。

自20世纪50年代以来,为了响应党中央"向科学进军"的号召,一些中心图书馆和其他大、中型图书馆努力寻找各种途径,进一步开展参考咨询工作。例如,北京图书馆于1957年初把原参考研究组扩编为参考部,1961年在参考书目部下,分设社会科学参考组和科学技术参考组,开展分科服务。中国科学院图书馆、中国人民大学图书馆、天津市人民图书馆、广东省立中山图书馆等的参考咨询部门积极开展书目参考、解答咨询及文献情报工作。为适应科学形势发展的需要,一些图书馆开始把加强参考咨询服务的情报职能、为科学研究服务当作重点工程来抓,深入、广泛地开展参考咨询工作。许多图书馆开始把触角伸向社会,与时代发展紧密相连,逐步强化了其工作的情报化特征,在开发文献情报资源、深化服务层次、开拓服务领域等方面进行了积极的探索。

网络技术的发展给参考咨询工作带来了新的发展机遇,带动了参考咨询服务的迅速发展,使服务内容不断拓展和深化,服务形式越来越多。具体表现在:一是利用信息技术,研究开发"一站式"信息集成系统,将不同类型的文献资源融合为统一的信息检索系统,开展信息定制与推送服务,提供基于网络的虚拟参考咨询服务,以知识管理方式提供个性化服务,根据用户需求,建立"我的图书馆"开展个性化服务。二是利用网页宣传图书馆的文献资源和各种服务形式,通过电子邮件、表单形式实现与用户的交流。三是充分发挥知识导航的特长,利用先进的网络技术和对信息的过滤、分析,不断开发和挖掘信息资源,实施知识管理,为科研人员开展个性化定制信息服务。对科研人员需求的、无序的文献信息进行分类重组,通过网络快捷方便地提供给用户,使科研人员在任何时间、地点都能方便地获取所需信息,实现与图书馆的双向实时沟通,变静态服务为动态的跟踪服务。四是加强对国内外馆藏资源和网络资源的整合。参考咨询服务突破馆藏资源和服务范围,主动与各基层用户联系,了解科研人员的文献信息需求,征求书刊征订意见,宣传图书馆文献资源和服务内容,并积极开发网络信息资源。五是建立了各种各样的读者教育栏目,普及文献检索知识,开展各种形式的读者教育活动,提高读者利用各种类型文献的方法和技巧。

我国参考咨询工作的发展历史相对较短,但发展速度很快,总体上,我国参考咨询的发展呈现出如下特点。

1. 合作咨询发展迅速,初步建立协作系统

文献资源的共建共享促进了合作咨询的发展。1998年,由国家发展计划委员会批准实施的CALIS(中国高等教育文献保障体系)作为一个广域网环境下的文献信息共享服务系统,为合作咨询的顺利开展奠定了良好基础。目前我国已经初步建立了几个合作参考咨询系统,且仍处于不断完善之中。

全国图书馆信息咨询协作网是由中国国家图书馆牵头组建的,吸纳了全国各种类型的图书馆为网员,是我国图书馆向合作参考咨询服务发展迈出的第一步。所有网员都可以以信息提供者和信息需求者的双重身份参与信息交流活动,各个成员都有自己的问答系统和知识库,可以进行音频、视频、电子白板等实时信息的交互,可以利用有关的技术感知其他成员的情况,从而开展各个成员馆之间的咨询合作。该网为建立图书馆咨询部门之间的协作关系营造了一个良好环境,使之呈现出优势互补、资源共享的特点。目前加入该网的图书馆还比较少,需进一步发展成员馆。

2.建立网上联合知识导航站

网上联合知识导航站是2001年5月推出的一个合作化参考咨询服务项目,由上海图书馆牵头,联合了上海交通大学图书馆、复旦大学图书馆、华东师范大学图书馆、同济大学图书馆、上海社会科学研究院图书馆、中科院上海文献情报中心16位长期从事情报与参考咨询服务工作的中青年参考馆员骨干,形成了一个分布式的虚拟参考专家网络。目前,该项目采用了一种合作化的专家服务模式,在该系统中每位专家负责若干专题的咨询问题,用户在上海图书馆提供的统一界面下可以在所提供的专家中,自行指定其中的某一位,以表单形式进行提问并获取答案。在用户与专家之间进行提问与问答的交互活动中,上海图书馆中心数据库对提问和问答进行监控管理,导航站管理中心同时提供已有问答的数据库供用户参考。该项目还不能实现实时交互服务,只是一种电子表格和电子邮件相结合的方式,也即当读者碰到问题时可以直接给选定的咨询员填写电子表格,电子表格经过系统转换成电子邮件,电子邮件再被送给专家,专家则可以在一周内以电子邮件方式回答读者提问。

4.建立图书馆专家联合导航系统

图书馆专家联合导航系统,是由广东省中山图书馆、超星数字图书馆以及广东省的一些公共图书馆组成的。该系统已经实现了无需通过任何传统的工作流程,而完全利用数字化技术提供即时信息的服务模式。它可以实现联机实时提问和解答。当咨询员在网上发布咨询答案的同时,系统还能自动地给提问者发出一封电子邮件,通知读者收取答案。另外,系统还允许读者在线阅读原文,或者把电子图书下载到本地硬盘上来阅览。

现今,虽然我国参考咨询工作有了很大发展,但是,各级各类图书馆参考咨询工作的整体发展水平还参差不齐。

从参考咨询人员看,图书馆普遍缺乏参考咨询专业人才。由于缺乏统一的参考咨询人员业务考核标准,致使参考咨询队伍发展极不平衡。参考咨询人员存在着学历低、外语水平差、知识面窄等问题,不能胜任一些深层次的专题咨询项目,这严重限制了参考咨询工作的深入发展。

从网络参考咨询技术看,我国图书馆数字参考咨询工作才刚刚起步,大多数图书馆还只能通过网页形式、FAQ形式开展读者教育,服务内容则是以图书馆利用和数据库检索为核心,没有扩展到对网络信息资源的综合利用;服务方式一般通过电子邮件或表单形式,联合咨询尚未普及。我国必须加快研制网络参考咨询服务系统软件,加强图书馆联合咨询服务工作,提高参考咨询服务水平。

从服务深度看,在一些小型图书馆和落后地区图书馆,参考咨询服务内容仍以馆藏文献的利用为主,采用传统的参考咨询方式,没有专职的参考咨询馆员,只是在图书、期刊阅览室配备一名或由其他人员兼职,主要为读者进行手工卡片目录检索、机读目录检索,对读者利用图书馆进行基础性的指导。在大中型综合性图书馆,如省市级公共图书馆、高校图书馆、科研系统图书馆等,都设立了专门的参考咨询部门和咨询人员,不但从事基础性的参考咨询问题解答,接受各种读者咨询,而且在某种程度上也开展较深层次的信息加工、开发和利用,如专题咨询、定题跟踪等。参考咨询员能够根据读者需求主动编制一些二、三次文献,如专题目录、文摘、网络资源学科导航等。咨询员能够熟练地利用网络信息资源、主要的学术性光盘、镜像数据库等电子资源,承担课题立项服务、科技查新服务、定题跟踪服务、专题文献调研,以及编制文献书目、论文索引或特定的资料汇编等更深层次的服务。

第二章 参考咨询工作的组织机构与人员

第一节 参考咨询工作机构

一、参考咨询机构建设的原则

在图书馆管理工作中,机构设置是十分重要的。机构设置是否合理直接影响图书馆工作能否正常、有效地运行。由于各图书馆的类型、规模、性质与任务不相同,其信息咨询机构的设置也将有所不同。所以,各类、各级图书馆只能根据本馆的实际情况,设置一个科学、合理的组织机构,以保证参考咨询工作更具合理性和可行性。一般来讲,应注意体现以下一些原则。

1. 针对性原则

参考咨询工作是所有图书馆共有的工作内容,但不同类型图书馆的参考咨询工作又有不同的特点。这些特点取决于这个图书馆的任务、读者对象及藏书基础与工作条件。所以,参考咨询机构设置应从实际出发,针对图书馆的类型、任务、读者、藏书、馆员等的特点来建构。譬如,高等学校图书馆的性质、任务、用户对象、信息需求等情况与公共图书馆和科研系统图书馆有所不同,其咨询机构设置便可能有所不同。同是高等院校图书馆,专科性院校图书馆与综合性院校图书馆具体情况不一样,其咨询机构设置也可能有所不同。

2. 可能性原则

即咨询机构设置应考虑主观和客观条件,从图书馆的实际情况出发,合理构建。譬如,一般公共图书馆的条件与高校图书馆和科研系统图书馆有所不同,其咨询机构设置就可能不一样。同是公共图书馆,其中国家图书馆、省和直辖市图书馆与一般省市图书馆、县市图书馆,由于规模大小不同,主观和客观条件不一样,咨询机构设置也可能不同。

3. 方便性原则

参考咨询机构是直接为读者开展个性化服务的场所,应把咨询机构设置在读者容易产生情报行为和读者咨询和馆员服务都很方便的地方。例如,为了让读者一走进图书馆就能找到咨询员,最好像有的图书馆那样,在大厅醒目位置设立总咨询台、触摸式导引电脑和指引图或指引标识;接待室最好设在参考咨询台后面并与其临近的地方,以利于保护读者隐私;在所有设立咨询台和咨询岗的地方,均应配备一定的参考用书,以利于馆员就近检索与参考。

4. 系统性原则

咨询机构的设置,无论采取怎样的形式,如何布局,提供什么样的服务,都应以整体化、系统性为原则。要系统考虑信息资源搜集、选择、存储、组织和传播的程序,考虑采用咨询服务集成化、立体化、合作化的模式。以此来整合人力资源和信息资源,并有效地加以配置和组织,以取得最优化的效益。这不仅有利于资源的节约,也有利于形成合力,以完善咨询机构的建设。

5.发展性原则

即参考咨询机构的设置应随着社会的发展、科学技术的进步及参考咨询工作的变革动态构建。从波士顿公共图书馆设立的第一个参考工具阅览室,到哥伦比亚大学图书馆正式成立的参考部,从参考咨询部、情报咨询部到信息咨询部、网络资讯部,从电子阅览室、多媒体阅览室到电子信息服务中心、数字资源中心等等,这一发展历史进程可以证明参考咨询部门也是在实践中形成并动态发展变化的。可以说,社会在发展,技术在进步,咨询机构的名称在变化,其服务功能也随之发生了变化。

二、参考咨询机构的设置

参考咨询机构的设置是图书馆开展参考咨询服务的基础和条件。从目前情况来看,我国参考咨询机构的建立往往与图书馆的类型、规模、性质与任务密切相关。一般而言,大型图书馆要设立多种参考咨询工作服务口,如设立参考咨询工作部,下设参考阅览室、参考外借处、文献检索室、书目工作室、咨询室等等,分别开展各项参考咨询工作。中型图书馆也要有专门从事参考咨询工作的部门。小型图书馆也可以配备专门开展这一工作的人员。在实际工作中,参考咨询机构的设置大体有以下几种模式。

1. 集中型

即主要由参考咨询部(或信息服务中心)承担信息咨询工作或参考咨询工作,接受用户委托完成专题咨询,包括各种定题和定向信息咨询服务。而咨询台和阅览、流通部门仅解答常规性的咨询。这种管理体制的优点是有利于集中高素质人才以保证参考咨询工作的质量。但这种管理模式一般要求图书馆具有一定的规模,馆藏较为丰富,要有一支数量和质量相称的馆员队伍来支撑,以承担各种咨询任务。高校图书馆较多采用这种模式。如清华大学图书馆信息参考与读者教育部、北京大学图书馆信息咨询部、华中科学技术大学图书馆参考咨询部、武汉大学图书馆信息服务中心等。

2. 并列型

即信息参考咨询工作主要由传统的参考咨询部和新设的网络资讯部(自动化技术部、数字资源中心)分别承担。一些公共图书馆和高校图书馆采用这种模式,如广东省立中山图书馆的报刊信息开发中心和网络资讯部,该馆的信息咨询工作由报刊信息开发中心和网络资讯部共同承担,报刊信息开发中心由电子剪报室、企业咨询室、决策咨询室、海外报刊阅览室等组成,主要开展传统参考咨询服务;网络资讯部则开展网上参考咨询服务。

3. 分散型

即不单独成立参考咨询部门,所有的咨询工作由采编、流通、典藏等部门的工作人员在履行本职工作的同时完成。如上海图书馆、国家图书馆等一些大型公共图书馆采用了这种管理模式。国家图书馆规模大、机构多,其参考研究辅导部主要承担为国家机关立法决策服务及一般的社科咨询和科技咨询工作,下设信息咨询中心、社科咨询室、科技咨询室,还有培训中心、展览组等。而归属于报刊资料部的文献检索室、第一电子阅览室和第二电子阅览室及典藏借阅部的工具书阅览室、中国年鉴阅览室等,也开展信息咨询服务。

第二节 参考咨询工作平台

一、参考咨询场所

1. 参考咨询台

参考咨询台是参考咨询人员接待读者的一个场所。一般应设在图书馆参考咨询区域内比较显眼的,最好是设在读者一进馆就能看得见的地方,这样读者在有问题时,便可轻松地找到咨询台,得到咨询馆员的解答。例如,美国高校图书馆一般在图书馆入口处设综合性参考咨询台,作为联系图书馆与读者的第一个结点。在我国,上海高校图书馆在图书馆大厅都毫无例外地设置了一个总咨询台,由图书馆专业馆员当面或通过电话为读者解答各类问题。考虑到咨询工作的特殊性,咨询台最好能够单独设置,不要与人来人往的出纳台等摆在一起,这种设计的目的在于保护读者的隐私。

2.参考咨询接待室

参考咨询接待室是参考咨询人员接待咨询读者的另一重要场所。参考咨询接待室的位置,最好设置在参考咨询台的后面,或者与其临近的地方。咨询馆员在这里与读者进行谈话,弄清其真实需求,以便有的放矢地开展咨询服务。

二、参考咨询工具、设备和用品

必要的工具、设备和用品是图书馆顺利开展参考咨询服务所不可或缺的,参考阅览室、研究室等的服务工具、设备和用品配备是否齐全,直接影响参考咨询工作效率的高低。参考咨询部门要配备哪些类型的设备和用品,要依据它的规模、任务与读者对象来确定。一般而言,参考咨询所需的设备和用品大体包括以下几种:

1.通信、检索以及事务工具

参考咨询部门应当配备开展信息检索的网络系统、联机计算机以及系统软件、技术,还应当配备远距离咨询所需的现代通信工具,如电话机、传真机、扫描仪等设备,以便咨询馆员上网检索资料、编制二次文献、生产知识信息产品、传送咨询解答等。

2.工具书阅览设备

工具书阅览设备包括方便读者的工具书阅览架、索引类书架等。一般来说,参考工具书的体积较大,也比较重,有些工具书册数又多,读者若每次都将工具书拿到自己的阅览座位处翻阅会感到不方便。为了方便读者和参考咨询员能在现场阅览各种工具书和书目类书籍,需要在现场设置一些用于工具书阅览和放置索引书的书架。

3.检索工具书

图书馆的联机检索工具及其他检索工具应设在咨询台附近,包括部门内检索工具的目录、全馆的馆藏目录和特殊馆藏资料。位置和空间大小应以能保证方便参考咨询馆员和读者的查阅为主要考虑因素。设置检索工具书,必须将馆藏的工具书集中起来。国内一些大型图书馆的工具书往往较分散,一般在采访、编目、参考咨询各部门都放置了一部分工具书,但又都不全,致使读者和工作人员常常为解决某一个问题而要四处寻找。因此,将工具书集中放置在一个地方,有利于参考咨询工作的进行,能为读者和图书馆工作人员节约大量的时间。

4.参考咨询辅导用书

参考咨询辅导用书一般是经过精心挑选的馆藏书刊的精华,这部分书刊仅仅是图书馆藏书的一部分,它们应陈放在与一般图书、连续出版物以及一些有情报价值的小册子、内部出版物、剪报资料等出版物相邻的位置。这样,当用户(读者)咨询问题时,无论是参考咨询馆员还是读者均可方便地获得辅导参考用书,从而缩短了答复读者咨询的时间。如一般综合性参考阅览室要配备各个学科的工具书,从综合性词典、类书、百科全书、年鉴到各个学科的词典、年鉴、手册都要配备。大型图书馆往往分别设立社会科学参考阅览室、科学技术参考阅览室,科学图书馆和其他较大的专业图书馆往往建有文献检索室,需要全面收藏文献检索工具。其中,社会科学参考阅览室除需配备常规类型的工具书以外,还要配备一些边缘学科的工具书。例如"二十四史"虽然不是工具书,但在参考咨询工作中经常使用,可以陈列出来提供给读者直接使用。又如一些科学史专著、国别史专著、地方史专著(包括地方志),也具有工具书的某些功能,也应该配备与陈列。大、中型图书馆科学技术参考阅览室通常是相对于自然科学与应用技术方面而设立的,除了以类似社会科学参考阅览室的工具书配备原则配备综合、专业工具书外,还应当特别重视"手册"这种类型工具书的配备。

5. 快捷咨询工具

在咨询台、电话台等附近应存放一些快捷咨询用的工具书书架,为读者准备一些便笺纸、笔、老花镜或放大镜等物品。有条件的图书馆,还应当考虑配置计算机插口,以便为携带笔记本电脑的读者直接检索图书馆内的参考信息源和上网查询创造条件。

三、数字参考咨询服务平台的构建

随着网络技术的发展,图书馆迎来了新的发展机遇,同时也面临着前所未有的严峻挑战。网络环境不但改变了图书馆多年来传统的收藏、使用和服务模式,而且打破了图书馆之间彼此独立、封闭的壁垒。集成服务——这一建立在网络环境下的基于用户需求、信息资源变化及信息技术发展三位一体的信息服务方式必将成为图书馆信息服务的发展趋势。

1. 数字参考咨询服务平台的提出

用户信息需求需要集成化服务。目前,以网络为中心的计算机技术、通信技术、信息存储技术的相互渗透、联接,已形成全方位的信息服务网络。用户对信息的需求也不再是单一的形式,而往往需要通过不同的途径来满足。用户关心的不再是获取信息的过程,而是获取的结果;他们往往要求图书馆能够围绕他们关心的问题提供一系列信息资料,而这种信息本身就是信息的集成,可能是纸质的,也可能是虚拟的、网上的。因此,能否提供用户所需的全方位信息逐渐成为评价图书馆服务水平高低的标准。信息资源分布的分散性和信息技术利用的分离状态使图书馆的重要作用凸显,图书馆集成化服务恰好可以按个性客观需求在网络环境下集中获取所需信息。

信息资源多样性需要集成化服务。信息资源多样性首先表现在载体上,图书馆馆藏资源的概念已不仅仅是纸质印刷品,还包括电子文献、光盘数据库、网络数据库等。其次是信息资料来源的多样性,网络的便利条件使用户所需的信息资料的来源不再局限于用户所在的图书馆提供的相关信息,而是呈现出多种态势。通过网络,可将服务延伸至其他图书馆、教育机构、学术机构等一系列实体。图书馆利用网络进行服务要求图书馆在为用户提供信息来源时也应该是多渠道的。这就需要通过馆际互借、文献传递、电子化文献网上获取等方式,将多种来源的信息资料集成后提供给用户。

信息技术的发展决定了集成服务的提出。虽然我国总体上信息自动化程度还相对较低,但近年来互联网的迅猛发展,带动和促进了许多本身就具有智能和集成性质的新技术相继出现。例如,利用采集服务器通过全息集成镜像的方式,把多个被选中的目标站点的所有可以访问的信息,以一种保持原有结构的方式采集到本地或本馆局域网中的信息转播技术,为用户提供良好查询机制,既可以使用户快捷地找到本专业的二次信息,还可以使用查询一次信息的指引库技术等等。这些新的信息技术在图书馆得到逐步的推广和应用,为图书馆的信息服务,尤其是数字参考咨询提供了良好的服务平台。

2. 数字参考咨询服务平台的定义

数字参考咨询服务是信息提供者和信息需求者双方之间以互联网为基础,按一定的协议或标准进行的信息交流活动。数字参考咨询要解决四个问题:一是沟通,即利用一切可用的技术和方法,强化人与人的交流;二是合作,团队作用能更有效地达成共识和相互支持;三是知识管理,主要是对专家知识信息和图书馆的专业信息、用户信息、咨询提问和答案知识点、跟踪处理记录信息的管理;四是标准,有序的参考咨询服务需要政策、协议、制度等规范服务行为。

数字参考咨询服务平台就是将图书馆参考咨询服务活动集成到一个信息管理平台之上,并以统一交互的界面提供给咨询馆员和用户,使图书馆可以快速地建立参考馆员对用户进行参考咨询服务的接口,建立咨询馆员、用户与信息资源的链接,实现参考咨询服务网上管理,拓宽咨询服务的时空范围,以有利于提高咨询服务的效率。

数字参考咨询服务平台利用现代信息技术、网络技术为用户提供服务,其基本要素包括计算机硬件和软件、根据咨询服务需求研制或购买的咨询服务系统应用软件、数字参考信息工具和信息源、咨询馆员和用户。数字参考咨询服务系统的工作内容包括系统规划、网络基础设施建设、系统软件的选择和购买、系统运作和实施、系统运行和维护、系统利用统计和评估。

3. 数字参考咨询服务平台的作用

数字参考咨询服务平台是参考咨询服务网上业务的技术支撑,它使参考咨询服务突破了时空限制,达到即时、高效、快速。

(1)统一咨询服务渠道。

数字参考咨询服务平台可以把传统的阵地咨询服务和数字

参考服务统一起来，可以把用户咨询问题、咨询馆员回答问题和参考工具资源连接起来，可以把异地的用户咨询需求、协作的咨询馆员和其他部门的信息资源协同交互，在一个相对集中的咨询服务平台上为用户开展更为广泛的咨询服务。

(2)开展不间断的参考咨询服务。

传统参考咨询服务经常因有限的开放时间，而限制了许多需要信息帮助的用户的请求。数字参考咨询服务系统是每周每天24小时服务方式，咨询馆员轮流值班服务，实现了不间断的参考咨询服务。

(3)建立强大的信息内容管理系统。

参考咨询服务需要丰富的信息内容为基础，但由于各馆经费和人力有限，很难满足用户提出的各种咨询问题。利用数字参考咨询服务平台不仅可以管理本部门信息资源，同时利用各种通用引擎和自建学科专业引擎，还可以检索本地区和全国的信息资源，当然也可以检索因特网上丰富的信息内容。

(4)实现个性化的应用服务。

用户需求是多样的，数字参考咨询服务平台可以利用一些软件工具帮助实现个性化服务。如利用定制服务机制，由用户自定义需要的信息资源类别、期刊、关键词、时间区间、语言等，系统按用户定义的需求从信息资源数据库中提取、归类信息，传递给需要的用户。同时还可以根据用户科研需要，定期从新到的信息资源库过滤、选择适当的信息推送到用户邮箱里。

(5)与其他相关系统的集成。

信息咨询服务是图书馆的服务窗口，在服务过程中，经常会与图书馆其他系统发生关系。早期是先关闭咨询系统，然后进入其他系统；现在可利用网络平台，直接与图书馆其他系统超链接或者集成，一次访问就可以解决用户的多种信息需求。

(6)与其他咨询服务系统的协作和共享。

任何一个咨询服务部门都很难解答用户的所有咨询请求,常常会出现拒答现象。利用数字参考咨询服务平台可以共享同行帮助,与其他图书馆咨询部门建立协作关系,利用协同工作平台实现咨询请求和咨询答案的交流。

第三节 参考咨询人员的设置

一、参考咨询人员的基本素质

要具备一定的人文社科知识和自然科学知识,还要有精深的专业理论知识,具有获取、运用知识及进行知识创新的能力。

1. 基础知识

基础知识主要包括人文社科知识、自然科学知识及工程技术专业知识等。同时,随着科学技术的飞速发展,参考咨询馆员还应了解当代世界新学科,特别是一些交叉科学、边缘学科、综合学科、比较学科等学科知识。具备这些基础知识是信息时代的参考咨询人员从事咨询工作的基础。

2. 专业知识

作为一名参考咨询馆员,要具备图书情报学及信息管理方面的专业知识,这是胜任参考咨询服务工作的前提,也是参考咨询馆员开展高层次信息服务的必要条件。应当通晓图书馆学各学科的理论和方法,掌握图书馆学基础理论知识,主要包括图书馆学基础、目录学、分类学、文献学、情报学、文献计量学、图书史等学科的基本理论知识;同时还必须掌握好图书馆工作的技术方法,主要包括图书分类、图书编目、藏书建设和藏书组织、文献复制与保护、咨询与读者服务,并且要研究图书馆自动化系统、图书馆评价技术等。

在信息化社会中,读者对文献信息的需求正在发生变化,对深层次服务需求越来越高,图书馆员在开展有效的信息服务、解答各类参考咨询、进行二次文献、三次文献的深度加工和检索等工作时,必须具有上述专业知识,只有具备这些知识才能独立进行文献信息的采集、加工、整序、保管、流通等业务工作,只有这样才能满足信息时代图书馆的工作要求。

3. 计算机应用知识

参考咨询馆员要掌握现代信息技术和高科技手段,以方便为读者服务,这要求参考咨询馆员必须熟悉计算机和网络操作技能,能够利用计算机网络技术组织信息和数据;能利用各种网络终端查询所需资料;能利用电子邮件、联机在线等方式开展各种参考咨询服务。在熟练掌握图书馆自动化检索技术、提高上网操作技能的基础上,具备一定的计算机维护、网络的安装使用、软件的开发利用等技能。

4. 相关专业基础知识

现代科学技术的迅猛发展,许多新兴学科交叉渗透,边缘学科不断产生与发展成熟,要求对文献信息进行深加工,而这对于一个没有扎实、专深的相关学科的知识功底的参考咨询馆员是很难胜任的。因此,图书馆参考咨询人员要在精通本专业知识技能的基础上,尽可能有计划、有主次、有轻重地逐步扩大自己的知识面,夯实自己的文化根底。图书馆工作人员要在系统掌握一两门专业知识的基础上,广泛涉猎相关学科知识,了解边缘学科和前沿学科的发展动向,对其他学科知识能触类旁通,形成"一专多能"的知识结构,这样才能满足来自社会不同层次、不同专业读者群对信息的需求,才能应对各类用户和读者,得心应手地从事信息的加工、组织、分析和综合等工作,才能在工作中发挥和挖掘自己的研究能力、创造能力及潜能,适应新形势下的新要求。例如,高校图书馆的读者大多是某一专业学科的教师或学生,提出的咨询问题往往带有很强的专业性。这就要求咨询馆员要熟悉相关学科的知识(如管理科学、逻辑学),只有这样,才能使参考咨询工作向深层次、高水平方向发展。

5.心理学知识

心理学是研究人的心理现象及其规律的一门科学。人的心理现象复杂异常,恩格斯称之为"地球上最美丽的花朵"。法国作家雨果也说过:世界上最广阔的是海洋,比海洋更广阔的是天空,比天空还要广阔的是人的心灵。人的心理现象有动态和静态两种表现,从动态方面讲,有感觉、知觉、记忆、思维、想象、情感、意志等心理过程;从静态方面讲,有兴趣、气质、智能、性格等个性心理特征。心理学就是研究这些心理过程和个性特征的形成过程及其相互作用的一门科学。人的任何实践活动都是在心理活动调节下进行的,因此,任何领域都要用心理学原理指导工作,以提高工作效率。参考咨询工作可以看作用户与参考咨询馆员之间相互联系、相互作用的一个过程,它以信息需求的理解开始,以信息需求的实现和需求结果的运用结束。影响用户咨询行为的因素很多,有咨询人员方面的因素,也有咨询环境方面的因素。参考咨询人员只有根据不同读者对信息的不同需求和咨询过程中的不同心理趋向,掌握必要的心理学、行为学知识,有的放矢地在实际工作中加以灵活运用,才能使参考咨询工作上一个新台阶。

6.知识产权知识

在信息社会,任何人都可以通过网络发布并传递信息,图书馆员在利用网上信息进行服务的时候,必须了解与信息服务相关的知识产权知识,如《中华人民共和国著作权法》《中华人民共和国商标权法》《中华人民共和国专利法》及其一些实施细则、司法解释等。图书馆参考咨询馆员应注意保护电子版权,维护著作权人的合法利益,做到依法合理地使用网上信息资源。

二、参考咨询馆员的技能素质

1.文献信息的处理能力

在网络环境下,随着科学技术的迅猛发展,各种信息纷繁复杂、庞杂无序,读者(用户)如果没有得到信息导航服务,查找信息就会有一定的困难。与此同时,网络环境下的读者对高质量信息产品的需求,比以往任何时候都更为强烈,这就对信息管理的层次提出了更高的标准和要求。传统图书馆借借还还的被动服务形式以及为读者进行的一般性咨询服务,已不能满足现代化、网络化环境下读者的需要。主动服务已成为时代的特征。作为一名参考咨询馆员,良好的文献信息处理能力是必备的。在信息时代,参考咨询人员面对大量的文献信息,必须具备信息资源搜集、筛选、加工、序化、传递的能力。要善于从读者的问询中发现问题的核心,及时进行分析判断,通过检索查询,筛选出所需信息并将其转化、整合为知识和情报,从而提供给用户(读者)。这就是信息的筛选、转化和整合能力,正如著名科学家钱学森所言:"现代图书馆、档案馆、情报单位的工作人员,应当是信息专家或信息工程师,是信息系统的建设者,也是信息使用的向导和顾问。"

2. 计算机操作能力

以网络为依托,借助先进的网络信息检索技术和联机数据库、光盘数据库、网络搜索引擎、电子版工具书等丰富的信息源,为用户提供咨询服务,是21世纪信息服务的主要工作方式。为了更好地开展工作,咨询馆员必须掌握信息的采集、分析、整理、归纳、反馈、预测等多种信息处理技能。由于存储介质的变化,在检索服务时涉及一些文件的下载、存储及转换、打印等操作,如果没有一定的计算机操作能力,咨询工作就会寸步难行。同时为了最大限度地满足读者需求,参考咨询馆员应熟练地使用E-mail、FTP、Gopher等基本网络工具,借助Google、Yahoo!、InfoSeek、AltaVista及Excite等搜索引擎,充分利用网络资源,使咨询内容不断向专、深、细方向发展,从而提高咨询服务质量。

3. 良好的沟通能力

网络时代图书馆的业务开始向馆外延伸,馆际协作、资源共享是开展图书馆业务不可缺少的重要环节,在信息时代的今天,如果图书馆不借用外部力量,不享用已有的社会劳动成果、信息资源,不加强与社会各界、各阶层的联系而一味地闭关自守是难做好参考咨询服务的。信息来源于社会,而图书馆公共关系的本质就是信息沟通,网络环境下的图书馆要完成一个信息基地的角色任务,就要求参考咨询馆员必须进行公共关系活动。所以,一名合格的咨询馆员要具备良好的沟通技巧和社交能力,在工作中要了解怎样与人交往,怎样才能清楚地表达自己的意图,从而让读者产生一种信任感。同时要做一名虚心的学习者和倾听者,以便在较短的时间内了解读者的专业情况和需求,要能随机应变,以敏锐的思维及正确的信息传导为读者服务,从而达到事半功倍的咨询服务效果。

4. 创新能力

创新,指的是"抛开旧的,创造新的"。创新能力可以概括为提出新思想、解决新问题的能力。作为有创新精神和创新能力的图书馆参考咨询人员应该具有以下特征:

其一,具有创新意识和创新思维,敢于向传统的思维方式提出挑战;

其二,具有高尚的思想品德和情操,对社会有责任感,具有开拓精神,勇于进取、不怕失败;

其三,具有自己的个性,如独立思考、独立的人格等。

无论怎样,创新能力与思维能力是紧紧联系在一起的,它要求参考咨询人员有较强的判断能力、想象能力和综合概括能力,要善于发现问题,具有运用知识及进行知识创新的能力。

5. 研究能力

研究能力包括对客观事物的观察能力、分析能力、调查能力、测定能力和设计能力。参考咨询馆员的研究能力强调对咨询服务实践进行学术研究的能力,其目的在于提高咨询服务的质量。这就要求参考咨询馆员必须对国内外科技政策及发展水平有比较详细的了解,要熟悉各种信息源,善于把握新动态,通过综合分析和专门研究,依据一定的科学原则,进行创造性的信息重组,并形成相应的科研成果。参考咨询馆员只有在积极从事咨询服务实践的同时,又具有一定的科研能力,才会使咨询服务做得更好。

三、参考咨询人员配置

参考咨询人员的配置,指的是按照图书馆的规模与性质及其他特征,有效地将咨询馆员组织起来,优化配置,形成良好的参考咨询队伍,以满足读者(用户)对参考咨询服务的需求。在实际工作中,参考咨询人员的配置因图书馆的岗位、层次以及性质与任务的不同而各有不同。一般大型图书馆参考咨询部的内部结构比较复杂,参考咨询人员比较多。除了开展一些常规性的咨询服务外,大型图书馆还要参加一些课题的研究与学术活动,以不断汲取新的知识。中型图书馆的参考咨询部一般配备5~7人,设置文献检索室、咨询服务台等,提供电话咨询、网络咨询等服务。按岗位及服务内容划分,参考咨询员有兼职型、专职型和学科参考型三种:

1. 兼职型参考咨询员

在一些小型公共图书馆,由于受人力、经费和场地限制,一般不单独设立参考咨询员的岗位,而由普通阅览室的管理人员兼做参考咨询工作。这种兼职咨询员必须面对各种类型的读者,答复各种各样的咨询问题,因此应选配那些善于与人打交道、知识面较宽、各种技能均较强的馆员担任。也就是说,这种兼职咨询员仅有图书馆学、情报学知识背景是不够的,还应当具有其他相关专业的修养和社会工作实践经验。

2. 专职型参考咨询员

一些大、中型公共图书馆配有专职型参考咨询员,它们专门设立参考咨询部门,由一批专职的参考咨询员解答读者的咨询,同时一些管理人员也解答读者的一般咨询。专职参考咨询员除具有某一学科的本科学历外,同时还要求具备图书馆学、情报学硕士学位或其他专业的硕士及以上学历,有的参考咨询员甚至已取得博士学位。例如罗格斯大学科学医学馆的参考咨询员就有化学博士学位或生物学、图书馆学双学位。他们往往结合自身专业、围绕特色课题开展参考咨询工作,起到了较好的效果。借鉴国外的先进经验,我国也应当把拥有双学位背景的专业人员,配置到参考咨询的关键岗位上,以更好地发挥参考咨询服务在图书馆工作中的作用。

3. 学科参考咨询员

学科参考咨询员,即所谓的学科馆员(Subject Librarian),是指既有图书馆学专业学科背景,熟悉专业领域的信息资源,又掌握各学科专业知识,了解专业人员的信息需求,并懂得如何评价、组织和传播信息,能够为专业人员提供信息的图书馆馆员。大、中型图书馆所设立的参考咨询室,不仅要区分人文、社科和科技这样三大领域,而且还应当细分专业(如美国国会图书馆),起码要分为哲学、社会科学、自然科学、应用科学、史地、文学艺术等几个方向。目前,各大图书馆,特别是大学图书馆开始推行学科馆员制度。2000年初,上海图书馆推出了参考馆员制度,规定了参考馆员的选拔模式、达标条件(学历、资历、外语水平、计算机应用能力),以及参考馆员的岗位职责和学科的考评标准。

选拔参考咨询员有多种途径,可以在各学科的正规大学生中选拔,也可以在图书馆在职人员中把那些学历高、业务工作能力强、职业道德好的青年馆员作为重点选拔对象。

对参考咨询员的培养是一个长期的过程,参考咨询人员的继续教育非常重要。要鼓励参考咨询馆员参加图书情报领域的学术研讨和学术交流活动,鼓励他们开展参考咨询的研究,撰写学术论文,掌握国内外参考咨询服务的研究动态和发展方向。同时,由于不同的图书馆在技术、资金、设备、环境等方面存在差异,所以,图书馆之间的交流也是一种很好的学习途径,互派参考咨询员进行交流,可以取长补短,从而提升参考咨询员队伍的整体业务素质。

第四节　参考咨询馆员的培训

从目前我国图书馆的情况来看,参考咨询人员队伍的发展状况与时代的发展和社会的要求还很不适应。所以,针对参考咨询馆员的素质要求,有计划、有步骤地开展对参考咨询馆员的教育培训十分必要。

一、培训目标

对参考咨询馆员进行教育培训的目标主要有三个:

其一,通过教育培训增强馆员的职业道德意识和职业道德修养,使参考咨询馆员真正按照相应的《图书馆宣言》和《中国图书馆员职业道德准则》(试行)规范自己的言行,做一个爱岗敬业、职能相符的参考咨询员。

其二,补充参考咨询馆员专业知识,改善他们的知识结构,使他们由具有单一的知识背景的咨询员转为复合型人才。

其三,通过专业技能的进修,尤其是适应当前数字化参考咨询发展的趋势,加强对计算机技术、网络技术和信息处理技术的学习,使参考咨询馆员掌握为读者(用户)提供紧跟时代步伐的各种专业服务。

二、培训内容

从事参考咨询服务的人应当持续不断地接受再教育,补充新知识,学习新技法,这是信息社会对图书馆工作人员的要求,也是图书馆参考咨询馆员自身发展的需要。总体上来说,培训的内容很多,一般应涉及知识培训、技能培训和行为规范培训三方面。

1. 知识培训

知识培训的目的是使咨询馆员具备完成本职岗位工作所必需的基本知识。在培训中应重点自学或进修的课程有以下几个部分。

(1)咨询基础课程。

主要指图书情报学、外语、古汉语及一些与专业学科有关的课程等。

(2)咨询工作概述课程。

包括咨询工作的本质、特点、目的、任务及与用户的联系等。

(3)选择方法课。

涉及解决问题的系统办法,调查事实、分析事实的方法和技巧,以及检索工具的使用方法等。

(4)咨询市场课。

包括咨询市场、咨询用户及用户心理、咨询价值和经济学等。

(5)咨询管理与实践课程。

包括综合管理、人事管理、业务研究和其他应用于管理的定量技术、资料管理等。

2. 技能培训

技能培训的目标是使参考咨询馆员掌握咨询工作的基本理论、方法和特点,具备完成本职岗位工作所必需的基本知识及相关的技能,培养科学思维和创造能力,掌握一些实用技巧以处理、解决实际问题。

3. 行为规范培训

行为规范培训应使参考咨询馆员了解咨询工作的职业道德和行为规范;具有完成本职岗位工作所必需的爱岗敬业精神,自觉地维护本部门和本馆的声誉和形象。

三、培训形式

培训参考咨询人员的形式有很多种,归纳起来,主要有以下几种:

1. 授课式培训

(1)在校培养。

在我国,一些大学也设置了咨询专业的研究生课程,如武汉大学信息管理学院就为研究生开设了"信息咨询"等课程。这些研究生毕业后,就可到图书馆或者其他机构从事专职咨询工作。可以说,无论是现在还是将来,大学正规培训都是培养专职咨询馆员的一条重要途径。

(2)在职学位教育。

在职学位教育是指通过函授等形式进行的图书馆学、情报学专业教育,有研究生、本科、大专等不同教育层次。在职学位教育课程体系比较系统,是参考咨询馆员继续教育的重要形式。

2.自学式培训

在岗自学是参考咨询人员实现知识更新、完善自我知识结构和能力的主要途径。参考咨询人员应结合自己的岗位要求,针对自身的知识结构和实际操作能力,有计划、有步骤地进行学习。如利用国内外许多图书馆网站提供给图书馆员进修学习使用的资源,就是参考咨询人员开展在岗自学的一种有效途径。

3.讲座式培训

为了提高参考咨询馆员的业务能力,图书馆可邀请著名的专家、学者来图书馆进行演讲,让参考咨询馆员了解先进的技术和管理方法。图书馆也可请本馆优秀的馆员对工作人员进行培训,还可选派人到别馆学习先进的方法和经验或参加国内外举办的各种培训班。允许积极要求上进和有发展潜力的参考咨询馆员进一步进修或攻读硕士、博士学位。

4.讨论式培训

讨论会作为一种培训方法是指将需求相同的人聚集在一起讨论并解决问题的培训方法。讨论会能使受训者相互交流信息,相互启发思路,了解最新专题情况,从而开阔视野,有利于提高参考咨询馆员的服务水平。例如,案例研究讨论会就是一种有效的培训方式。可针对一个特定问题,提供大量背景材料,要求受训者依据背景材料进行分析研究,共同讨论,提出解决这个问题的对策和措施。在进行案例研究时,一方面,要充分发挥受训者的主观能动性,使他们有较强的参与性;另一方面,召开讨论会的召集者应起到教师的作用,引导受训者,同时使教学相长。

5.考察访问式培训

考察访问作为一种独立的培训方法,也可成为附属于其他培训方法的一种培训形式。针对某一专题有计划、有组织地安排参考咨询员进行考察访问,能使参考咨询员获得良好的经验,以改进自己工作中的不足。送有经验的参考咨询人员去咨询服务开展得比较好的图书馆学习同行的经验,通过优秀参考咨询人员的传、帮、带,使本馆参考咨询馆员在实践中掌握咨询服务的技能。

第三章　参考信息源建设

第一节　参考信息源的特点

文献资料,按其编制特点及使用习惯,大体可分为两类:一类是为获取知识或者欣赏而从头到尾细细阅读的文献;另一类是为了释疑解惑或查考特定的资料,才去翻阅或引用的文献。前者即为普通文献,后者便是"参考文献"。对于信息咨询工作来说,后者是须臾不可或缺的参考信息源。

参考工具书就是根据一定的查阅需要,系统汇集有关的知识资料或文献信息,按易于检索的方法编排的信息密集型文献。简言之,参考工具书是情报化了的知识载体。数字化时代,"参考工具书"不仅是指传统印刷型工具书,还包括电子"工具书",即泛指以电子技术为基础,以数据库形式存储于光、磁等物理介质中,通过单机或网络终端显现的各种信息集合。作为信息咨询工作的参考信息源,主要包括传统印刷型工具书、各种印刷型工具书的计算机化形式及各类计算机情报检索系统(含基于网络的信息检索系统)。

可见,"参考工具书"、"参考信息源"实际上就是开展手工检索和计算机检索的检索工具。

作为信息咨询工作的参考信息源,它是一种什么样的文献信息资源?具有什么特点呢?

"任何运动形式,其内部都包含着本身的矛盾。这种特殊的矛盾,就构成一事物区别于他事物的特殊的本质"。参考信息源能够为人们系统汇集、迅速提供有关的知识资料或文献信息,这反映在其本身收录内容和结构形式之间的矛盾和统一上。换句话说,各种传统印刷型工具书和电子工具书采用特定的编排形式和检索方法,汇集了大量的信息,反映了广泛、系统的内容。这实质上解决了语言文字、文化典籍和科学知识日益丰富与人们利用语言文字、文化典籍和科学知识特定目的要求之间的矛盾。

人类在知识财富、文化典籍尚不十分丰富的时候,人们靠口传身授、背诵记忆,尚能从容地进行知识的传授、吸收和应用。随着社会的发展和进步,人类知识日益丰富,文化典籍与日俱增,人们仅靠古老的方式已无法有效地吸收所需的知识信息,非常需要有一种工具帮助在较短的时间内获得较多、较全、较新的知识资料或文献信息。各种印刷型工具书和电子工具书就是这样的工具,它在普通文献信息资源的基础上,对人类已有的知识信息进行整序、提炼和浓缩,成为一种条理化的信息密集型文献信息资源。它既吸收了历史文化遗产的精华,又反映了现代文化科学的成就;不仅能告诉人们在什么地方可以找到所需的知识信息,而且能直接向人们提供精要的知识信息资料,从而解决了人类知识的无限丰富与人们寻求知识信息的特定目的要求之间的矛盾。

参考信息源以其高密度的知识性、高精度的资料性、高效率的检索性和高频率的查考性,成为人们工作与学习必备的工具。

一、高密度的知识性

这是就参考信息源的文献信息内容而言。每种文献信息资源都具有一定的知识性,但参考信息源的知识密度比普通文献信息资源高得多。参考信息源是在大量普通文献信息资源的基础上,经过整序、提炼和浓缩而形成的信息密集型文献信息资源。它好比集成度很高的信息库,能为人们提供丰富的知识信息。如传统印刷型书目、索引、文摘系统地汇集了有关文献的知识信息,字典、词典系统地汇集了有关语言文字的知识信息,百科全书系统地汇集了人类各个知识领域的知识信息。现在,随着计算机技术、高密度数字存储技术、通信技术和网络技术等的广泛应用,各类电子"工具书"(数据库)已成为更加完善的信息库,存储密度高,信息容量更大。

二、高精度的资料性

这是就参考信息源的文献信息类型而言。大凡各类文献信息资源都具有一定的资料性,但参考信息源的资料性比普通文献信息源的资料性强得多。参考信息源是经过筛选和条理化了的信息源,它是反映、揭示和检索一般信息源(原始文献信息资源)的工具和手段。相对数量庞大的一次文献信息源——普通文献信息源来说,参考信息源多数是经过加工的二次或三次文献信息源。如传统印刷型及电子型书目、索引、文摘,将不断出现的大量文献信息逐一进行筛选、整序和描述,提供了原始文献信息资源的信息,属于二次文献信息资源的范畴,是专题咨询的重要工具。字典、词典、百科全书、年鉴、手册、名录、类书、政书、表谱、图录乃至丛集、汇要等,是对原始文献信息内容的重组和综合,系统地汇集了有关的知识资料,多数属于三次文献信息资源的范畴,是事实性咨询的重要工具。各种传统印刷型和电子工具书的编制都要求广采博收、论述精练、出处详明,为人们提供尽可能准确的知识资料或文献信息。尤其是各种书目数据库、事实数据库和数值数据库,其资料性更强,而且不少数据库信息更新速度快,时效性强,动态资源丰富。

三、高效率的检索性

这是就参考信息源的文献信息结构而言。人们查考参考信息源与阅读普通文献不同,前者带有特定的查考目的和要求,后者一般是为了满足求知的欲望。因此,参考信息源为了把自身蕴含的丰富的知识信息迅速地提供给读者,十分讲究科学的编排形式和高效率的检索方法。它要求本身能构成严密的有机体,形成网络,以覆盖有关的知识领域和文献信息范围,做到以简驭繁。例如,每种传统印刷型工具书的排检,或按部首,或依笔画,或用号码,或以音韵,或分类、分主题序列,或以年、月、日为次,或依地域分编,一目了然,一索即得,而且注意配备辅助索引,为读者提供多种检索途径。至于电子型"工具书"的检索效率则更高,它能提供多个检索点,实现多途径检索,并可充分实现资源共享。

四、高频率的查考性

这是就参考信息源的文献信息功能而言。普通文献信息资源的编撰一般是为了供人们系统阅读,以增长知识。各种传统印刷型及电子工具书的编纂主要是为了供读者临事查考、释疑解惑之用,而且这种查考往往持续时间较短,进行次数较多。如传统印刷型书目索引常用于查考某一书刊论文资料,字典、词典用于查考某个字、词,百科全书用于查考某学科、某术语的知识。故人们又称工具书为检索工具。尤其是电子"工具书",它以计算机或其他网络终端为媒介,其使用具有交互性,通过简单的输入、选择就可以得到反馈信息,并允许反复操作。有的还能按关联度大小排列检索结果,甚至可以量身定制,其查考、检索功能更强。

参考信息源的查考性与普通文献信息源的阅读性并不是绝对的。国内外都有人在探讨各种"工具书"的可读性。不仅百科全书具有可读性,类书、政书等资料型工具书也往往具有可读性。线索型工具书——书目、索引、文摘,主要供查考文献信息用,但其中的文摘和解题书目乃是检索和阅读两用的工具书。后来问世的"鉴赏辞典",无论它是否属于"辞典",其查考和阅读欣赏的功能都是众所周知的。至于边缘性工具书——丛集、汇要,本来就是供阅读用的普通文献,只是由于其资料丰富、卷帙浩繁,人们多作查考用,我们才当作工具书介绍。反之,普通文献有日益工具书化的趋势,人们通过编制附录和辅助索引、编辑参考文献等措施,以发挥普通文献的查考作用。随着某些原始文献的全文数据库的建立,普通文献与电子"工具书"的查考功能已水乳交融。

第二节　参考信息源的类型与范围

参考信息源可粗略地分为传统参考信息源和电子参考信息源,前者为印刷型工具书,后者为电子"工具书"。

一、印刷型工具书的类型与范围

印刷型工具书,根据其编制特点和功能、用途等,一般可归纳为书目、索引、文摘;字典、词典;类书、政书;百科全书;年鉴、手册、名录;表谱;图录;丛集、汇要8大类。

1. 书目、索引、文摘

书目著录一批相关的文献,索引揭示文献中的事项或单元知识并指示其位置,文摘则摘述文献的主要内容及资料。三者反映的对象大体一致,都是揭示文献信息,只是揭示的方法和程度有所区别。书目如《中国丛书综录》、《中国地方志联合目录》、《中国古籍善本书目》、《四库全书总目》、《民国时期总书目》、《全国总书目》、《全国中文期刊联合目录》,索引如《十三经索引》、《二十五史人名索引》、《全国报刊索引》,文摘如《高等学校文科学报文摘》等。

2. 字典、词典

字典主要汇集单字并解释字的形、音、义及其用法。词典主要汇集词语并解释说明词语的概念、意义和用法。但字典往往对复音词也附带进行解释,词典则常常以单字为词头并详加解释。总之,二者一般都解释字、词,只是主次和详略有所不同。字典如《汉语大字典》、《中华大字典》、《康熙字典》、《新华字典》,词典如《辞海》、《辞源》、《现代汉语词典》、《汉语大词典》等。

3. 类书、政书

类书辑录各种文献中的史实典故、名物制度、诗赋文章、丽词骈语等资料,政书专门辑录和记述历代或某一朝代的典章制度资料。二者都辑录各种文献资料,只是辑录的范围和内容有所区别。类书如《艺文类聚》、《太平御览》、《古今图书集成》、《佩文韵府》、《骈字类编》、《格致镜原》、《中国历代文献精粹大典》,政书如《通典》、《通志》、《文献通考》、《唐会要》、《明会典》等。

4. 百科全书

百科全书概述各个学科或某一学科的知识,为人们提供人类有关知识领域的基本概念、基本事实和基本理论。它类似辞典和类书,但比辞典更详尽、更深入,比类书更重论述。如《中国大百科全书》、《简明不列颠百科全书》、《世界经济百科全书》、《中国教育百科全书》、《中国医学百科全书》等。

5. 年鉴、手册、名录

年鉴系统汇集一年内有关事物或学科的进展情况、重要文献及统计资料,手册汇集某方面经常需要查考的基本知识和资料,名录汇集机构名、人名、地名等的基本情况和资料。三者都属对事实和资料的便览,只是或以年度为界限,或以专题为范围,或以专名为对象。年鉴如《中国百科年鉴》、《中国年鉴》、《世界知识年鉴》、《中国经济年鉴》、《中国出版年鉴》、《中国图书馆年鉴》、《中国教育年鉴》、《中国统计年鉴》、《湖北年鉴》,手册如《中华人民共和国资料手册》、《吉尼斯世界纪录大全》,名录如《中国企事业名录大全》、《中国企事业名录全书》、《中国政府机构名录》、《中国工商企业名录》、《中国高等学校大全》、《中国当代名人录》、《世界地名录》等。

6. 表谱

表谱包括年表、历表和其他专门性表谱。年表汇集历史年代和历史大事资料,历表汇集不同历法的年、月、日资料,其他专门性表谱则汇集人物生平及历代职官、地理沿革等资料。它们一般以表格或编年形式反映时间和事物的发展,着重反映时间和历史概念,但内容有所不同。年表如《中国历史纪年表》、《中国历史纪年》、《中外历史年表》、《中国历史大事年表》、《中国历史大事编年》,历表如《中西回史日历》、《二十史朔闰表》、《中国史历日和中西历日对照表》、《新编中国三千年历日检索表》,其他专门性表谱如《中国历史人物生卒年表》、《历代职官表》、《历代地理沿革表》、《中国近代现代政区沿革表》等。

7. 图录

图录包括地图、历史图谱、文物图录、人物图录、艺术图录、科技图谱等。地图概括地反映地表事物和现象的地理分布情况,历史图谱、文物图录、人物图录、艺术图录、科技图谱则分别用图像反映各种事物、文物、人物、艺术和自然博物、科技工艺等的形象。它们都以图像为主体或附以文字说明,着重反映空间和形象概念,但内容有所不同。地图如《中华人民共和国地图集》、《中华人民共和国分省地图集》、《中国历史地图集》、《世界地图集》,以及历史图谱如《中国历史参考图谱》,文物图录如《新中国出土文物》,人物图录《中国历代名人图鉴》,艺术图录如《中国美术全集》、《中国美术史图录丛书》,科技图谱如《现代兵器知识图集》。

8. 丛集、汇要

丛集、汇要包括丛书、总集、汇编、综述等。它们大多是纂辑型的资料书,系统汇集有关的文献资料,堪称文献资料之"渊薮",属于边缘工具书。丛书如《四库全书》、《四部丛刊》、《四部备要》、《十三经》、《二十四史》、《诸子集成》,总集如《文选》《文苑英华》《全上古三代秦汉三国六朝文》《全唐诗》《全唐文》《全宋词》《元曲选》，汇编如《中西交通史料汇编》《中国近代史资料丛刊》《古典文学研究资料汇编》《中华人民共和国法规汇编》《中华人民共和国条约集》《国际条约集》《中国国家标准汇编》，综述如《建国以来哲学问题讨论综述》。

在工具书类型划分上，历来存在着不同的看法。有的按编制特点把工具书细分为十几类，如何多源撰写的《工具书杂谈》，分为字典、词典、类书、书目、索引文摘、年表历表、手册、统计资料汇编、图谱、地图、百科全书、年鉴12类。朱天俊、李国新编著的《中文工具书》，分为辞书、类书、百科全书、政书、年鉴、手册、书目、索引、表谱、图录、地图、名录12类。这是传统的划分方法。正如王明根等编著的《文史工具书的源流和使用》所指出的，"文史工具书的种类很多，一般都分为书目、索引、字典、辞典、年鉴、手册、年表、图谱、政书、类书和百科全书等类"，"以往，论述工具书的著作，基本上都是沿袭以上类别进行介绍的"。有的按编制特点和功能用途把工具书概括为几大类，如赵国璋等主编的《社会科学文献检索》把工具书分为书目、索引、文摘；字典、词典；百科全书；类书、政书；年鉴、综述、手册、名录；表谱、图录6大类。詹德优编著的《中文工具书导论》把工具书分为书目、索引、文摘；字典、词典；类书、政书；百科全书；年鉴、手册、名录；表谱；图录；总集、汇编8大类。在上述各种工具书类型划分的基础上，又有进一步归纳为两个大部类的，这可称为一级分类。如《中国图书馆图书分类法》的"总论复分表"，把工具书类分为参考工具书和文献检索工具书两大部类。1984年，国家教育部发出的《关于在高等学校开设〈文献检索与利用〉课的意见》的通知，也把工具书分为检索工具书和参考工具书两大类型。其中"检索工具书"包括书目、索引和文摘，其余均为"参考工具书"。这种归类方法，在我国图书情报界广为流行，而且与国外图书情报界的划分法相吻合。如美国工具书专家卡茨（W. A. Katz）在其所著的《参考工作导论》（In troductinto Refernce Work）一书中,将工具书按其功用分成"控制—检索—指示线索型和资料型"两大类型。

二、电子工具书的类型与范围

电子工具书实际上是将工具书的内容以数据库的形式加以储存,使用者通过计算机检索的工具书。因此,"数据库"就是计算机检索文档的数据存储,是检索系统的信息源。

1. 以所含信息内容的表现形式为标准分类

数据库的类型很多,若以所含信息内容的表现形式为标准,可分为书目数据库、数值数据库、指南数据库、术语数据库、全文数据库、新闻数据库、图像数据库、多媒体数据库等。

(1)书目数据库。

书目数据库只存储各类文献资料的书目信息,为用户提供有关文献属性信息和来源指示,即向用户提供机读形式的文献目录、索引和摘要等。用户通过书目数据库,检索出的仅仅是文献的题名、作者、主题词、文摘、编号、出处等。因此,书目数据库也可称作"二次文献数据库"。如各个图书馆的联机公共检索目录（OPAC）；联合目录如 OCLC 的"联机联合目录数据库"（OCLC Online Union Catalog）、CALIS"联合目录数据库"、"全国期刊联合目录"；引文索引如美国的 SCI、SSCI、A&HCI,南京大学与香港科技大学的"中文社会科学引文索引"（CSSCI）、中国科学院文献情报中心的"中国科学引文数据库"（CSCI）、重庆维普资讯公司的"中文科技期刊引文数据库"、万方数据资源系统的"中国科技论文统计与引文分析数据库"（CST－PC）；期刊论文索引与文摘如重庆维普资讯公司的"中文科技期刊数据库"、上海图书馆的"全国报刊索引数据库"、中国人民大学的"复印报刊资料系列光盘"；学位论文索引与文摘如 CALIS 的"高校学位论文数据库"、万方数据资源系统的"中国学位论文数据库"（CDDB）、美国 UMI 公司的"美国博硕士论文库"（PQDD）；会议论文索引与文摘如 CALIS 的"会议论文数据库"、万方数据资源系统的"中国学术会议论文数据库"（CACP）、OCLC 的"会议数据库"、美国科学信息研究所（ISI）的"科学网会议录索引"（WOSP）；现刊目次如 CALIS 的"中文现刊目次库"、美国 ISI 的"期刊题录快讯数据库"（Current Contents Con－nect）等。

（2）数值数据库。

数值数据库是以自然数值形式存储各类信息，这些信息是人们从文献信息资料中整理提取的，或从实验、观测及统计工作中直接得到的数据。如与商业经营相关的市场行情数据，与金融、税务、股市、投资等有关的财务数据，与企业、公司相关的财政信息、材料、产品数据，与社会科学有关的调查、统计数据，与人们生活相关的服装、食品、就业、房地产、医疗、气象数据等。DLALOG 系统的"商业统计"（Business Statistics）等商情数据库、（香港）中国资讯行（China Info Bank）的"中国统计数据库"等就属于这类数据库。

（3）指南数据库。

指南数据库又称"名录型数据库"，主要存储能够提供用户参考、给予用户指引的各类信息资料，如公司机构、人物传记、技术标准、产品信息等数据。如万方的"中国企业、公司及产品数据库"、"中国科研机构数据库"、"中国科技名人数据库"、"中国科技成果数据库"、"中外标准数据库"，（香港）中国资讯行（China Info Bank）的"中国上市公司文献库"、"中国企业产品库"、"中国中央及地方政府机构库"、"中国人物库",DIALOG系统的"国际公司名录与公司财务"商情数据库、美国Gale公司的"便捷参考书架"(Ready Reference Shelf)、"标准普尔公司数据库"(Standard & Poor's Corporations)等。

(4)术语数据库。

术语数据库是一种计算机化的术语词典或词库,俗称电子词典或机读词典。如加拿大魁北克术语库(BTQ)、西门子公司术语库(TERM)、德国语言管理局术语库(LEXIS)、我国国家图书馆《汉字属性字典》库、万方数据资源系统的《英汉——汉英科技大词库》等。

(5)全文数据库。

全文数据库是存储文献全文的机读数据库。它可分为两类,一类是与图书、报刊等印刷型文献平行出版的全文库;一类是无相应印刷型文本的纯电子文献库。全文数据库是一种高密集型数据库,能向用户提供检索全文文献中的任何一个词、句、段、章、节的途径,全面满足各种检索需求。根据需要,全文数据库又可分为直接原文型和摘录型两种。前者直接存储原文献的全文,后者是将原文经过压缩提炼后改写成的有一定长度的原文摘录或缩写(不同于文摘)。如中国学术期刊全文数据库、万方数据资源系统全文数据库、ProQuest系统全文数据库、EBSCOHost系统全文数据库、LEXIS-NEXIS系统全文数据库、Gale公司数据库,以及《中国大百科全书》、"不列颠在线"、《古今图书集成》、《康熙字典》、《辞海》、《汉语大词典》、《文渊阁四库全书》、《二十五史》等。

(6)新闻数据库。

新闻数据库存储大量的新闻消息类的信息,如报纸上刊登的信息、广播电视报道的信息等。这些数据库收录的新闻内容十分广泛,时间性强,更新极为迅速;能提供动态的信息,用户可以从网上快捷、方便地获取有关信息。如"中国网（中国互联网络新闻中心）"、"新华网"数据库、"中文网络广播总汇"等。

（7）图像数据库。

图像数据库是存储和检索图像或图形信息及其文字说明资料的一种源数据库。图像数据库对图像、图形的记录是通过计算机扫描技术、数字化技术、数码照相技术等进行高分辨率的处理，然后将其存储到计算机存储器中的。因此，图像数据库的记录（图像、图形、图片等）也可以同文本型数据库的记录一样，根据用户的需要进行检索、删改、更新等。图像数据库占用的存储空间较大，为了提高计算机的处理效率，要进行图像数据的压缩，使用时再进行解压还原。例如 IBM 公司的 DB2 数据库及其 QBIC 图像和动态影像检索系统、Yahoo! PictureGallery、Google 图像搜索、Corbis 等。

（8）多媒体数据库。

多媒体数据库是将文本数据、数值数据、图像数据及音频数据等，通过有机组合形成多媒体数据，再集合构成的一种数据库。多媒体数据库图文声形并茂，是其他单媒体数据库所不能比拟的。随着计算机技术、数据库技术、光电存储技术和网络通信技术的进一步发展和完善，多媒体数据库将更广泛地运用于社会生活的各个领域。例如，上海音乐学院与上海图书馆的"上海音乐数字图书馆"、上海交通大学图书馆的"音乐数据库检索系统"、Baidu 图片等。

第三节　参考信息源建设原则及策略

信息咨询服务是一种"知识信息转移"过程,从交流程序来说,其服务必须具备三大要素:一是咨询提问方,二是咨询答复方,三是参考信息源。咨询提问方是咨询服务存在的前提,参考信息源是咨询服务的物质基础,咨询答复方是建立咨询提问方与参考信息源之间的有机联系并实现"知识信息转移"的中介和桥梁。能否得到参考信息源的有效支持,在很大程度上影响着信息咨询服务是否能顺利开展。因此建设科学实用的参考信息源,对信息咨询服务的成效关系甚大。

一、参考信息源建设原则

参考信息源建设包括传统参考信息源的收集、整序和利用,同时也包括电子参考信息源的建设。电子参考信息源建设,主要包括三个方面的内容:一是将传统的印刷型信息资源数字化、虚拟化;二是采集、整理和存储网络虚拟信息资源;三是购买数字化信息资源产品。参考信息源建设必须遵循下列原则:

1. 系统性原则

参考信息源建设的系统性原则,主要体现在以下几方面:首先,参考信息源的学科涵盖面要完备,要能覆盖主要服务对象的重点学科、主要学科乃至全部学科。其次,参考信息源的类型要齐备,既要收藏传统印刷型参考信息源,又要搜集电子型、数字化参考信息源;既要包括线索型的各类参考信息源,又要包括资料型、参考型的各类参考信息源。再次,各个种类的参考信息源要注意系统配套。

2. 实用性原则

实用性原则主要指:①参考信息源的建设要符合用户和咨询馆员的实际需要,不搞"摆设",也不搞"大而全",一切要从实际需要与可能出发。②参考信息源建设要有重点,要形成特色。③参考信息源的文种和载体类型要从实际出发,强调实用。

3. 权威性原则

参考信息源类型众多、数量庞大,质量参差不齐,而价格往往很昂贵,因此要注意鉴别和选择。要选择和搜集质量较高、具有一定权威性的参考信息源。参考信息源的质量主要体现在内容是否丰富、系统,观点是否客观、正确,材料是否准确、新颖,结构是否齐全、完备,体例是否简明、实用,界面是否美观、友好,功能是否快捷、兼容。其权威性主要体现在参考信息源的质量以及编纂者与出版制作者的实际水平及声誉上。

4. 合法性原则

合法性,即知识产权的保护问题。在信息资源的虚拟化、数字化及其开发利用与服务过程中,要严格保护原著者的著作权及出版发行者的合法权益。同时,还要注意不购买不合法的数字化虚拟产品,从而保护数字化虚拟产品生产者的权益。

5. 标准化原则

在信息资源数字化、虚拟化建设过程中,无论是建设数据库型虚拟数字化信息资源,还是单纯地形成文件型或多媒体型虚拟数字化产品,都应该遵照统一或相互兼容的标准和协议,这是电子参考信息源也就是虚拟数字化信息资源共建共享的一个前提。因此,要注意选择开发工具及标准与协议。

6. 发展性原则

参考信息源建设是一个动态发展的过程,随着科学的发展和技术的进步,各类信息产品和开发工具层出不穷。而且,随着形势的发展,用户的信息需求也发生变化。因此,必须随时补充新学科专业、新类型品种、新载体形式的信息产品,要采用新技术进一步建设好参考信息源。

7. 协调性原则

参考信息源建设是一种人力、物力和财力消耗甚大的工程,尤其是电子参考信息源建设耗资更巨大。因此,在参考信息源建设过程中,要注意节约资金,避免重复购置、重复引进和建设。要走共建共享的协调与合作道路,不搞"小而全"。要注意开展系统与系统之间、地区与地区之间、全国乃至全球之间的协作。特别是检索系统与数据库的购置,可采取集团协作购买的形式,充分运用组织机构的协调机制,以达到节约资金并充分发挥参考信息源效用的目的。

二、参考信息源建设的策略

在参考信息源的建设过程中,不仅涉及对传统参考信息源的收集、整序和利用,同时还涉及电子参考信息源的自建。对于图书馆参考咨询工作而言,应根据馆藏建设原则和规划,采用科学合理的建设策略,正确处理好馆藏价值与读者需求、收藏与利用、重点与一般、现实馆藏与虚拟馆藏、印刷型文献与电子文献、购买文献与购买服务、共建与共享等方面的关系,运用有限的资金,构建优化的、多层次的、具有特色的现代化文献资源保障体系,尽最大努力满足读者不断增长的需求。

1. 加强对传统印刷型文献的收藏

与电子文献和网络信息资源相比,传统印刷型文献具有不可替代性:

①印刷型文献数量目前仍呈增长态势;

②传统观念和阅读习惯使人们更愿意接受印刷型文献;

③印刷型文献在保护和继承前人知识成果方面具有其他类型文献无可比拟的优势;

④印刷型文献具有较强的权威性,编辑、出版、发行系统完备,科学价值和学术水平有保证;

⑤印刷型文献经济实用、便于携带、直观性强,不需其他设备,随时随地都可阅读。

尽管在网络环境下,传统印刷型文献资源在图书馆参考信息源建设中受到了一定的冲击,但仍占据一定的位置。所以,图书馆必须加强传统印刷型参考信息源建设,以确保读者的基本需求。

2. 加大电子文献收藏比重

电子文献具有信息存储量大、时效性强、内容丰富、形式多样、检索方便、易于复制,以及可被众多读者同时使用等特点。随着硬件设备和网络环境的改善,电子文献产品内容不断丰富、数量快速增长,各类读者对电子文献的需求越来越强烈。所以,现阶段图书馆应调整馆藏资源采购策略,加大对电子文献的收藏比重,应侧重网络数据库、网络版光盘数据库和全文电子期刊及检索性二次文献的引进。如购入清华同方《中国学术期刊》光盘全文数据库、德国 Spring－Verlag 出版公司《SpringerLINK 外文期刊》全文数据库、重庆维普《中文期刊文摘数据库》等。对于全文电子图书数据库,如"超星数字图书馆"、"书生之家"等,也可以适当引进。同时,还要注意积极参加地区性电子文献合作采购和集团购买,以节省经费和实现共享。还要注意引进方式:是免费提供还是要购买,如需购买,是购买所有权还是购买服务(使用权),是购买单机版还是网络版,是网络传输还是镜像服务,是整体订购还是部分选购,是按年付费还是按次付费等。究竟采用哪种方式,要根据经费和实际需求等情况而定。

3. 开发利用网上信息资源

开发网上信息资源,是图书馆参考信息源建设的重要任务之一。由于网络资源具有纷繁复杂和庞杂无序的特点,要求图书馆必须采取有效措施对网上信息资源进行组织与揭示。

(1)利用图书馆主页或举办讲座。

利用图书馆主页或举办讲座对 Internet 常用检索工具、与本馆开发建设有关的各种 Internet 资源以及检索方法进行介绍,增加读者对 Internet 资源的了解和增强读者的利用能力。

(2)利用图书馆主页推荐热门站点或相关站点。

这是开发利用 Internet 资源最简单、最直接、最常用的方法,已被广泛采用。

(3)建设 Internet 专业信息资源指南系统。

Internet 专业信息资源指南系统类似于传统图书馆的读者导读系统,不同的是该系统介绍的是虚拟馆藏,与热门站点的推荐相比,它通过专业人员的加工、组织,信息更加系统和准确,导航作用更加突出。其开发建设方法是利用多种搜索引擎对某一或某些主题信息进行网上查询、浏览,选择有较高利用价值的信息资源,进行加工、整理、归类,以目录的形式组织起来。

(4)建立专业信息资源指引库,为读者进行专业信息导航。

专业信息资源指引库是一种虚拟馆藏数据库,从物理上讲并不存储各种实际信息资源,但对其访问却可以检索到有关的现实资源,即指引读者到特定的地址获取所需信息。也就是把Internet上搜集到的物理上分散的大量原始信息资源进行整理和组织,从逻辑上联系起来,把与某一或某些主题相关的节点集中起来,按照方便读者检索的原则,向读者提供这些资源的分布情况,指引读者查找。与专业信息资源指南系统相比,前者是静态的,后者是动态的,反映信息更加全面、及时。

4. 构建特色化信息资源

特色化是信息资源共享的核心内容,也是网络环境下图书馆参考信息源建设成功的关键。图书馆构建特色化馆藏信息资源,应遵循重特色、有深度、标准化、持续性的原则。

(1)重特色。

信息服务特色化指的是图书馆在力求满足读者多元化信息需求之外,更重要的是结合自己的馆藏特色建立特色化的信息服务。图书馆应当根据本馆的任务和服务对象,依托自有的特色馆藏或自有的特色信息积累,形成具有特色的本馆实体馆藏和虚拟馆藏数据库。在建立馆藏书目数据库的基础上,建立具有传统馆藏特色的二次文献、三次数据库或全文数据库。如中国人民大学的民国时期解放区报刊就是非常有特色的资源。

(2)有深度。

即要充分发挥图书馆参考咨询人员在揭示文献内涵、利用文献方面所具有的专业特色,开发出具有一定学术价值的特色参考文献。

(3)标准化。

所谓"标准化"是指电子信息资源的著录格式、标引规则、数据指标、符号转换等方面的标准化以及应用硬件与软件的兼容化,可以说,没有标准化就没有网络化。图书馆编撰的参考信息源必须在文献的著录、标引、摘要、编辑和索引等方面严格遵照国家标准,这也是图书馆参考咨询工作所必须遵循的业务要求。

(4)持续性。

除极少数回溯性检索工具外,绝大多数参考信息源都应当进行不间断地补充、修订或更新。图书馆的参考信息源建设一定要使文献持续性增加,这样才能保证文献的增值效应得到充分体现。

第四节 电子参考信息源

一、电子参考信息源的概念

电子参考信息源也可以称为电子信息源或电子信息,是一种以电子技术为基础且以数据库形式存储于光盘、磁盘等物理介质上,通过单机或网络终端显现的信息集合。

二、电子参考信息源的特点

与印刷型参考信息源相比,电子参考信息考源的特点主要表现在以下几个方面:

其一,载体非纸张化,而为光、磁等介质,信息存储量大,密度高,存取方便,信息更新速度快,时效性强,能够通过网络实现信息的远程查询、快速传递。

其二,具有较高的标引深度,能提供精确或模糊的全面索引,可进行多途径、多角度检索,查全率和查准率比较高,检索速度快。

其三,电子参考源可以充分实现资源共享。电子参考源是以数据库为数据组织模式,这种数据库能以最优的方式服务于一个或多个应用程序,实现数据共享,使电子参考源的利用更加经济实惠,更有利于信息的广泛传播。

其四,电子参考信息源使用灵活,操作简单,智能化程度高,使用界面友好,使用更加方便灵活。

其五,信息表达数字化,可将图像、声音、图形、动画、文字、数据糅合为一体,实现了多媒体的统一。超文本链接服务以及交叉检索和模糊查询,是传统工具书所无法实现的。

三、电子参考信息源的类型

电子参考信息源类型很多,可以依据不同的标准进行划分。

1. 按载体形式分

(1)磁带及软盘版参考信息源。

它是指存储在磁带或软磁盘上,以供脱机利用的参考源信息。它们虽检索方便快速,价格便宜,但磁带或软磁盘存储量相对较小,不能存储大量信息。随着CD-ROM光盘的出现,磁带及软盘版信息逐渐为光盘版信息所取代。这类参考源主要有图书、辞典、手册、书目等。如 American Heritage Dictionary,

Oxford Dictionary of Quotations 等。

(2)光盘版参考信息源,或称光盘参考信息源。

它是指以 CD-ROM 光盘为信息存储介质的参考信息源。它具有大容量的特点,能存储复杂且量大的数据;使用便利,能提供多检索点和检索途径。单机版光盘携带方便,价格便宜。网络版光盘可供许多人在网上同时使用。

(3)网络版参考信息源,或称网络参考信息源。

它是指直接在计算机网络上出版,并通过网络系统可以检索利用的参考源。网络版参考信息源可借助网络实现远程传播,使用不受时间、空间及用户身份限制,且修订方便,知识更新及时;检索点丰富,检索输出格式多样,资源非常丰富。

2. 按收录文献的形式分

(1)电子报纸。

如《人民日报》的光盘版和网络版、USAToday 网络版等。

(2)电子期刊。

如《中国学术期刊》(光盘版)(CAJ-CD)、中国学术期刊网、Science 和 Nature 等。

(3)电子普通图书。

如《红楼梦》等普通图书的电子版。

(4)电子工具书。

如网络版百科全书 Britannicb Online,Compton Interactive Encyclopedia,Grolier, Multimedia, Encyclopcdin, Online 等,网络版年鉴 World Fact Book1998(http://www.odci.gov/cia/publications/98fact/ch.html),网络版词典 Webster English Language Dictionary(http://cs.cmu.cdu:5103/prog/webster)及电子版的索引、文献和联机目录(OPAC)等。

(5)电子版特种文献。

如许多专利说明书、标准文献、地图、录音、图像、图形、论文集、技术报告、政府出版物都有自己的电子版。

(6)数据库。

包括光盘数据库、网络数据库和联机数据库。我国购进的外文光盘数据库主要有 INSPEC,EL Compendex SCL,AST,Biotechnology Abstracts,CA,Metadex NTIS,IEEE/IEE(IEL),SAECurrent Contents,OCLC,Indexto Scientific,Dialog 系统蓝页、DAO,以及一些国家的专利光盘。网上有大量的数据库商提供数据库产品。我国开发的数据库百分之七十已提供上网服务,但至今仍有一些联机系统数据库未提供网上服务。

随着全文型电子出版物的出现和全文检索技术的运用,一次文献、二次文献的界限变得越来越模糊了。全文型的电子图书、期刊集一次文献、二次文献于一身,可以实现直接对一次文献的检索,其参考作用非常突出,已成为重要的参考源。

3.按流通与发行的方式分

(1)联机网络型参考信息源。

是指以数据库和网络为基础的,通过联机系统或互联网络向用户提供服务的参考信息源。

(2)脱机使用参考信息源。

是指以机读磁带、软磁盘、只读光盘、集成电路为载体,通过单独发行的方式向用户提供服务的参考信息源。

4.按参考信息源的物理储存地点分

(1)现实参考信息源。

是指存放在某图书.情报单位本地的电子参考信息源,有光盘、磁带、磁盘等形态。

(2)虚拟参考信息源。

是指存放于异地的,必须通过计算机网络才能获取的电子参考信息源。

四、数据库

数据库是一个管理、存储信息的系统,它是依照某种数据模型组织起来并存放在二级存储器中的数据的集合。数据库的类型很多,可以依据不同的标准进行划分。

1. 以信息内容的表现形式为标准划分

可分为书目数据库、数值数据库、指南数据库、术语数据库、全文数据库、新闻数据库、图像数据库、多媒体数据库等。

(1)书目数据库(Bibliographic Database)。

是指存储二次文献信息的数据库,也称"二次文献数据库"。可分为题录数据库、目录数据库、索引与文摘数据库,可用于查明某学科(主题)有哪些出版物、某著者有哪些著作,某书的书名、著者、出版商以及如何获得等信息。如《工程索引数据库》、《INSPEC数据库》和各图书馆的联机公共检索目录等。

(2)数值数据库(Numerical Database)。

数值数据库存储的数据是某种事实、知识的集合,主要包含数字数据,如统计数据、科学实验数据、科学测量数据等。例如中国科学计量指标数据库。

(3)指南数据库(Guide Database)。

指南数据库又称"名录型数据库",如各种机构名录数据库、人物传记数据库、软件数据库、产品数据库等。是储存关于某些机构、人物、出版物、程序、活动等的简要描述内容的数据库,又称"指示数据库"。如中国科技成果数据库、中外标准数据库、中国中央及地方政府机构库、中国上市公司文献库等。

（4）术语数据库（Terminological Database）。

俗称电子词典或机读词典，是一种计算机化的术语集合。通常存储在磁性或光学载体（磁带、磁盘、光盘等）上，并根据程序进行检索或其他处理。术语数据库的最大特点是能快速查询和及时更新，同时还可在它的基础上进行各种新的研究和处理。如我国国家图书馆的《汉字属性字典》、万方数据资源系统的《英汉—汉英科技大词库》等。

（5）全文数据库（Full Text Database）。

全文数据库是指把文章全文记录下来，存入数据库，以方便用户查询的系统。它可分为两类：一类是与图书、报刊等印刷型文献平行出版的全文库；一类是无相应印刷型文本的纯电子文献库。全文数据库是一种高密集型数据库，查询时，一般采用模糊查询方法。如中国知识资源总库——CNKI系列数据库、中国期刊全文数据库、中国重要报纸全文数据库、中国年鉴全文数据库、中国图书全文数据库等。

（6）新闻数据库（News Database）。

新闻数据库存储大量的新闻类的信息，如报纸上刊登的信息、广播电视报道的信息等。这些数据库所收录的新闻，内容广泛，时间性强，更新迅速。用户通过上网可以方便、快捷地获取相关信息。如"中国网（中国互联网络新闻中心）"、"新华网"数据库、"中文网络广播总汇"等。

（7）图像数据库（Image Database）。

图像数据库是遥感图像的数据集合。遥感图像包含多谱段组成的图像数据，数据量庞大。图像数据是图像像元灰度值的记录，以行列数据矩阵表示。图像数据库由两个层次数据集合构成：第一层次为图像数据词典。数据内容包括对图像总体特征的描述,如波段、行数、列数、精度、记录格式、最大值、最小值、成像日期等。第二层次为图像基础数据。根据第一层次数据内容所提供的有关信息,可直接进入基础数据集合,进行检索、处理操作。图像数据库主要应用于设计、广告、产品、图片或照片等资料类型的计算机存储与检索。如 Yahoo!, Picture Gallery, Google 图像搜索, Corbis 等。

(8)多媒体数据库(Multimedia Database)。

多媒体数据库是数据库技术与多媒体技术结合的产物。它是将文本数据、数值数据、图像数据以及音频数据等,通过不同组合有机地形成多媒体数据,再集合构成的一种数据库。多媒体数据库图、文、声、形并茂,是其他单媒体数据库所不能比拟的。随着数据库技术的不断发展,多媒体数据库将被更广泛地应用到社会生产生活的各个方面。如 Baidu 图片和 MP3 搜索、Sogua 娱乐引擎等。

2. 以信息储存与传播形式为标准划分

可分为联机数据库、光盘数据库、网络搜索引擎、印刷型工具书的电子版及网络数据库。联机数据库即联机检索系统数据库。联机检索系统主要由中央主机、检索终端、通信网络和数据库等组成。其中数据库是以某一特定的方式对信息进行收集、整理、加工和存储,含有多种记录类型的数据集合,是联机检索操作的直接使用对象。一个联机检索系统一般可以提供几十个到几百个数据库,为用户提供检索服务。如联机计算机图书馆中心 OCLC(Online Computer Library Center)就是世界上最大的提供网络文献信息服务和研究的机构。

第四章 参考咨询服务形式

信息咨询服务是一项知识性、技术性很强的工作，而且是一项创造性的活动，没有固定的、现成的程式可言。但在技术操作过程中也有方法规律可循，人们可以在信息咨询实践的基础上，总结出解答咨询的一般程序和基本方法。

第一节 信息咨询的一般程序

所谓"信息咨询的程序"，是指咨询馆员答复用户咨询问题所采取的所有步骤的总和及过程。大家知道，信息咨询服务是一种人际信息交流的过程，是一种知识信息的转移与运动过程。从宏观上说，它是由社会（用户）、图书馆（咨询馆员）、文献信息源构成的信息交流系统；从微观上说，它是由咨询问题、咨询馆员（检索工具）、咨询结果构成的咨询检索系统。因此，答复咨询的过程，实质上是在咨询问题与文献信息源之间建立有机联系的过程。也即从分析咨询问题出发，利用一定的检索手段和方法，检索到所需文献信息资源的过程。信息咨询一般必须经历下列程序：

一、受理咨询问题

受理用户提出咨询问题是检索文献信息资料、解答咨询问题过程的起点,但真正的解答咨询活动是从咨询馆员通过"参考接谈"确定咨询问题开始的。所谓确定咨询问题,是指弄清咨询意图,把握住咨询问题的内容和了解用户的一些情况。确定咨询问题主要包括下列内容:

确定咨询问题的过程实际上是一个调查研究的过程。主要对用户做调查,与用户一起进行讨论,要做到"一听"、"二问"、"三反述",以弄清其咨询需求。弄清了真正的咨询要求,才能有针对性地提供确切的文献信息资料,真正满足用户的需要。当用户提出的咨询问题含混不清,或隐含着其他问题,或用户的语言不能被咨询馆员所理解时,则调查和讨论要经过多次反复,最后才能用双方都理解的检索语言明确地确定咨询要求。

"参考接谈"是咨询馆员与用户之间的一种有目的的对话与交流,咨询馆员需要像善于回答用户提问那样善于向用户提出问题。能从最不明确和最一般的要求中提炼出用户真正需要的、明确的咨询观点,这是咨询服务的一种技巧。搞好"参考接谈",除知识素养之外,服务观念和服务态度也很关键,"亲切"是第一要求。有时咨询馆员的脸部表情能够大大影响用户提问的积极性及回答咨询馆员询问的态度。

二、分析咨询问题

咨询问题确定以后,紧接着就要对咨询问题进行深入的分析。通过分析,明确检索文献信息资料的范围,确定文献信息检索途径和方法,乃至从分析中发现文献信息资料的线索。

首先,要分析判断咨询问题的性质、类型,分清是事实型咨询还是专题型咨询。这有利于确定文献信息检索的途径和方法。其次要分析判断咨询问题的学科范围、时间范围、文献信息类型及文字种类,即对用户提出的咨询问题进行学科范围和文献信息类型的交叉定位。这有利于缩小检索文献信息资料的范围,避免盲目查找。

其次,在明确了咨询问题的性质和范围以后,接着就要分析、选择文献信息的检索角度和检索点,即咨询馆员必须将用户的咨询问题"翻译"成文献信息检索系统可以接受的语言。一般的事实型咨询,侧重从时间、地点、人物、事物等方面分析检索角度和选择检索点。专题型咨询,大多从类目关系、主题词关系等方面考虑检索角度和选择检索点。类目关系包括上、下位类关系、同位类关系、相关类关系等,主题词关系包括等级关系、参照关系等。

分析咨询问题的过程实际上是一个学习与思考的过程,采用每个检索途径或选择某种检索工具时都要"三思而后行"。简单的咨询问题往往凭记忆和经验即可解决,不熟悉的、复杂的咨询问题则必须有一个学习与思考的过程。要注意思考分析,进行语言转换和语词匹配。咨询服务的技巧就是要学会对不熟悉的各种学科问题能够提供解答。一个成功的咨询馆员的主要诀窍,就是掌握在长期实践中形成的推测事物的技巧。这里有一个善于学习的问题:

(1)向用户学习。用户向咨询馆员提出咨询,有时是由于本身缺乏学科专业知识,更多的是由于缺乏文献信息检索知识。一般说来,用户都愿意把有关这个咨询问题的一些知识和背景情况告知咨询馆员。因此,咨询馆员与用户之间的互相交谈,是一个学习的机会,对分析咨询问题、检索文献信息资料会有所启发和帮助。

(2)向二次参考信息源学习。二次参考信息源包括传统工具书与文献信息检索教材、工具书与数据库指南、工具书书目与网站简介等。它们虽然不能直接提供咨询问题的具体答案,但能起到指引解答咨询途径和方法的作用,使经验较少的咨询馆员能比较简便、省力地选择检索途径和检索工具,以弥补经验之不足。

(3)向参考信息源学习。检索文献信息资料、答复咨询必须配备可供利用的基本参考信息源,并且熟悉它们。在分析咨询问题时,要考虑这些参考信息源能解决什么问题,同时要善于利用它们来充实自己解答咨询所需的知识。

(4)向各种信息源学习。广义的信息资源包括各种文献信息资源和各类人力资源等。参考信息源是开展信息咨询的得力工具,但有些咨询问题光靠参考信息源是无法完全解决或者根本不能解决的。因此,除熟悉参考信息源外,对一般文献信息资源也需要留意,"处处留心皆学问"。此外,还要注意向周围甚至远距离的有关人员学习,尤其是本馆其他部门的人员,比如外文部、古籍(特藏)部、技术部的馆员,他们在外文文献信息、古文献信息和信息技术等方面都有值得咨询馆员学习的地方,他们都是可以借以利用的基本"信息源"。

三、查检咨询问题

查检咨询问题是利用一定的检索手段和方法,将咨询问题与文献信息资源建立有机联系的具体实施环节。它要求咨询馆员在分析咨询问题的基础上,根据已确定的检索策略和方法,选用有关检索工具进行具体的查考与检索。

1. 查检咨询问题的步骤

(1)利用检索工具。检索工具是解答咨询的重要工具。检索工具都是根据一定的检索需要编制的,利用各种检索工具一般都能找到解答咨询的资料或资料线索。正如美国著名工具书与参考工作专家马奇(I. G. Mudge)所说:"有了合适的工具书并懂得如何使用它们,这对参考工作成效来说,是两件重要的事情。"查考和检索咨询问题时,要根据咨询问题的性质和特点,以最小的范围和最大的可能性为原则,选用合适的检索工具。

(2)利用自编的检索工具。自编的检索工具,包括卡片式、书本式及机读型的馆藏文献目录、专题文献目录索引及其他各类机检数据库等。咨询馆员解答咨询问题首先要依靠收藏或可供利用的文献信息资料,而各类馆藏文献目录能反映文献信息收藏或拥有的情况,特别是其中的分类目录和主题目录,还能起到指引门径及触类旁通的作用。专题文献目录索引具有针对性强、标引深度高等特点。机检数据库用于机检服务,其查全率和查准率更是手工检索所不能比拟的。这些自编的检索工具,在解答咨询、提供资料线索方面都能发挥重要作用。随着网络咨询服务的开展,各类网上数据库能指引人们进入崭新的信息空间,或直接提供海量的信息资源。

(3)直接浏览普通文献信息资料。各类检索工具是检索文献信息资料、解答咨询问题的重要工具,但并非一切咨询问题都有现成的检索工具可用。有些咨询问题,根本没有合适的检索工具可以利用。也有不少咨询问题,检索工具只能提供一些线索,最后解决问题还得依靠各种普通文献信息资料。至于图像资料的检索,更需要翻阅大量的文献资料及搜索有关的网上资源。因此,平时多浏览各种文献信息资料及搜索各种网站,到使用时再直接翻阅有关的文献信息资料及利用网上资源,对解答咨询将会大有帮助。

2.深入查找的文献信息线索

查检咨询问题的过程是一个反复思考、深入查找的过程。尤其是专题型咨询问题,通过深查才能查检到比较系统的文献信息资料。一般可以从下列几方面深入查找:

(1)查原文所附的参考文献。严肃的学术论著一般都附列参考文献目录,这些参考文献目录反映了这些论著的资料来源,能为阅读原文、深入研究提供资料线索。因此,可选择有关的文献线索深入查找所需的文献信息资料。

(2)查参考文献的作者及其有关的文献信息资料。参考文献的作者,往往是研究该课题的专家,其有关论著又能为我们查找资料提供新的文献信息线索。上述两方面,目前可以利用国内外引文索引深查。

(3)查评述性论著。综述、述评及一般评述性文章,是对有关课题研究资料的总结和评述。它们往往取材广泛,引证丰富,并附有参考文献。对口的评述性论著有时能起到专题文献目录索引的作用。

(4)查最新的专业核心刊物。一般来说,书目索引和文摘出版的周期较长,所提供的文献资料时差较大。为了找到最新的文献信息资料,有必要查阅最新的专业核心刊物。

(5)查回溯性文献信息资料。检索文献信息资料一般由近到远,由现在往以前回溯查找。尤其是检索社会科学文献信息,回溯性更强,有时还需要查找原始文献信息资料。因此,要根据需要与否,回溯查找有关的原始文献信息资料。

四、答复咨询问题

答复咨询问题是咨询馆员向用户揭示查检咨询问题的结果、实现咨询问题与文献信息资源有机联系的最后程序。它要求咨询馆员将收集到的文献信息资料,经过鉴别、筛选和整理,采用一定的方式答复用户,提供查检咨询问题的结果,以最终完成传递知识信息的任务。答复咨询问题大体有下列几种形式:

1. 直接提供具体的文献信息资料

事实型咨询一般有对口的检索工具可查检,而且多为资料型工具书或数值型、术语型及全文型数据库,因而往往当时就可以答复,为用户直接提供具体文献信息资料。有的事实型咨询虽无对口的检索工具可查检,但通过翻阅普通文献资料或搜索一般网站往往也能找到具体答案,因而也可向用户直接提供具体资料。

2. 提供文献资料线索

专题型咨询不是利用一二种检索工具即可解决的,而是一般多利用线索型工具书和书目型数据库查检,涉及的文献信息资料比较广泛。因此,往往需要通过编制有针对性的专题文献目录、索引,向用户提供文献资料线索,以获取所需的文献信息资料。

3. 提供原始文献资料

有的咨询问题需要提供原始文献资料。咨询馆员可为用户提供与咨询问题有关的原始文献资料,包括专著、报刊论文、学位论文、会议论文、专利、标准、报告、汇编等的全文或部分内容。

4.指引信息源

有的咨询问题比较复杂、难度较大,虽经多方查找,仍无结果。这时可向用户指引有关的信息源,请有关咨询机构或专家协助解决。

答复咨询问题要注意准确性和客观性。所提供的答案,必须来自有关的权威检索工具或直接查阅的原始文献资料,切忌主观臆测、估计和想象。所提供的资料要注明出处,以便用户进一步查阅或引用。并且要注意信息反馈,了解用户根据我们提供的文献信息资料是否解决了问题,解决了哪些问题,还有哪些问题没有解决。必要时可再次查检,直到完全解决问题、用户满意为止。

第二节 信息咨询的基本方法

所谓信息咨询的基本方法,是指在查检资料、解答咨询实践基础上形成的分析问题的思维方法与解决问题的一般方法。查检资料、解答咨询的过程,实际上是一个调查研究、分析问题和解决问题的过程。我们要运用唯物辩证法的观点,认真搞好调查研究,正确认识事物,仔细分析事物的矛盾,运用不同的方法解决不同的矛盾,促进事物的转化。根据我们的体会,查检资料的基本方法大体如下:

一、顺查法

所谓"顺查法",是指根据咨询问题的性质、特点与需要,从起始年代往后顺时查检资料的一种方法。此法系统性强,查全率、查准率较高,适用于查检对文献信息资料的系统性、全面性要求较高的咨询问题。比如,编制专题文献目录、索引或其他一些专题型咨询课题,往往要求系统查检有关本专题的文献信息资料,一般采用顺查法。

二、逆查法

"逆查法",也称"回溯性检索",即根据咨询问题的性质特点与需要,从最后年代往前逆时查检资料的一种方法。此法注重文献信息资料的时效性,省时、高效,但漏检率较高。它多用于查检不太注重历史渊源的咨询问题。

在信息咨询服务中,经常会碰到用户要求查检某个学科、某个专题、某种事物的最新进展、最新动态或现状的有关文献信息资料,一般可采用逆查法。解决这类咨询问题,能查检到最新的、主要的文献信息资料即可,不需从头到尾系统查检。

三、抽查法

"抽查法",是指根据咨询问题的实际情况与需要,着重查检某个时期文献信息资料的一种方法。此法可以花较少的时间获取所需的文献信息资料,从而提高检索效率。"抽查法"可以说是一种"优选法"。有的咨询问题针对性较强、专指度较高,它无需自始至终系统查检,也不必一直回溯检索,只需有针对性、有选择地查检。一些事实型咨询问题的查检,多采用抽查法。

四、排除法

"排除法",是指注意缩小文献信息资料的查找范围、提高检索效率的一种查检方法。它要求从咨询问题的特殊性出发,排除那些与咨询问题无关的文献信息资料,在可能性较大的范围内查检。其排除范围,一般着眼于时间、地点、人物、事物、语种及文献信息类型等因素。

"排除法"多用于事实型咨询问题的查检,例如查考诗文词句出处,往往采用此方法,以提高检索效率。专题型咨询问题的查检,有时也采用此法。

五、限定法

"限定法",是最大限度缩小文献信息资料的查找范围、提高检索效率的一种查检方法。它要求从咨询问题的特殊性出发,在特定范围内查检文献信息资料。其限定范围,一般着眼于时间、地点、人物、事物等因素。

限定法与排除法都属于缩小文献信息资料查找范围的查检方法,它们从两个不同的角度来缩小查找资料的范围,是一个问题的两个方面。但限定法的专指度更高,范围更小。

六、扩展法

"扩展法",是开拓新的文献信息检索途径的一种查检方法。有的咨询问题,当一般的检索途径无法解决时,必须进一步开拓新的检索途径,以获取所需的文献信息资料。

在查检咨询问题的过程中,要注意开拓新的检索途径,以求得问题的解决。比如查检咨询问题时,一般都注意首先利用直接对口的检索工具。但是,当对口的检索工具无法解决时,就应考虑其他有关的检索工具,或者边缘性的检索工具,乃至一般的文献信息资料。

七、跟踪法

"跟踪法",是深入查找、注意发现和利用新线索的一种查检方法。查检咨询问题好比深山探宝,有时几乎到了"山重水复疑无路"的地步,这时就需要认真观察和思考,从观察和思考中找线索,深入追踪,以求问题的解决。

八、参引法

"参引法",是一种不断开拓新的检索途径、注意发现和利用新线索,从事物联系中求得问题解决的查检方法。有的咨询问题难度较大,或者问题提得很蹊跷,查检起来比较困难。这时就需要辗转参引,不断开拓新的检索途径,注意发现新的资料线索,从事物的联系中逐步找出解决问题的办法。

一般而言,事实型咨询问题比较单一,运用一二种检索工具即可解决。但是,有的事实型咨询问题比较隐晦,或者张冠李戴,或者来历不明,查找起来也很麻烦。这时必须注意事物之间的联系,从联系中找线索,辗转参引,开拓新的检索途径,以收"好风凭借力,送我上青天"之效果。

九、假设法

"假设法",是运用联想与假设进一步扩大资料线索、深入查找的一种查检方法。在查检咨询问题的过程中,有时会碰到运用已知或一般的方法得不到解决的情况。这时就需要开动脑筋,进一步运用联想和假设的方法,"由此及彼"、"去伪存真",以扩大查找线索,求得问题的解决。

十、合取法

"合取法",是一种综合查检文献信息资料的方法。有的咨询问题比较复杂,靠一二种检索途径无法解决,必须综合运用多种检索工具、采用多种查检方法才能获得比较圆满的答案。

第三节 参考咨询服务的类型

参考咨询工作是图书馆工作的重要组成部分,是图书馆工作人员接受用户咨询、解答用户问题的一种信息服务方式。在信息交流网络化、文献资源数字化、信息存储越来越便利的今天,图书馆参考咨询工作也面临着和以前不一样的服务环境、用户需求、服务方式和服务内容。尽管如此,图书馆参考咨询服务的目的仍然是以各种方式帮助用户利用图书馆所提供的各种资源和服务。

一、传统参考咨询服务

传统参考咨询服务形式是相对于现代网络咨询形式而言的,这种服务形式大多是单个、重复、被动、琐碎的,比较简单,通常是以坐等读者上门咨询、即时或留档解答问题以及协助检索的方式向读者提供事实、数据和文献线索的服务,即一对一、面对面的阵地式服务模式。其服务过程是:参考咨询馆员首先认真听取、回答读者的提问,其次是提供给读者其他相应的参考咨询服务。

传统参考咨询服务方式的实现形式主要有咨询台(解决简单重复的咨询问题)、面咨(馆员和用户面对面交谈)、函询(馆员和用户通过信件交流咨询信息)和电话咨询等几种。

1.面对面咨询

面对面咨询是图书馆传统的参考咨询服务方式。咨询台服务以其简单方便的形式为读者解决实际问题,从而受到了广大读者的欢迎。目前,这种简单、及时、有效的传统咨询方法,常被用于图书馆大厅、各楼层设置的参考咨询台或参考咨询室。图书馆参考咨询馆员可以通过咨询台这一服务窗口,做好图书馆的宣传、接待、引导工作,充分利用自己的知识积累,以口头形式解答到馆读者的一些常见问题。在我国,图书馆服务窗口一般都有工作人员,可以解答读者所咨询的问题,帮助读者解决在图书馆查找资料中所遇到的问题。如为到馆读者提供读者指南、图书馆简介、馆藏资源分布、服务体系与特色、各种数据库简介以及目前开展的各种读者服务活动介绍等。

①优点:其一,用户亲自到馆提出咨询问题,与参考咨询人员进行面对面的交流与沟通,既便于图书馆参考咨询人员了解读者的真实意图与要求,也有利于问题的解决。同时,用户还可以从图书馆获取一些直接的经验和知识,譬如,搜集信息的方法与渠道。其二,对一些重要问题的咨询,尤其是一些研究型咨询,由于要进行长时间的工作才能完成,工作人员必须清楚用户的需求,并将已经了解的研究进展和所知道的信息资源作详细的备档;在研究报告的写作方面,也需要与用户进行面对面沟通协商,这些过程都需要用户的参与。

②缺点:受时间和地域的限制,用户必须亲自到图书馆咨询,参考咨询馆员无法为远距离用户提供服务;除此之外,对一些不擅长口头表达的读者(用户)来说,这种服务形式也会有诸多不便。

2.电话咨询

电话咨询(Telephone Reference)是一种相对来说沟通比较充分的服务方式。一般在图书馆的开放时间(Library Hours)内,通过电话马上就能得到问题的答案。电话咨询方式可以便捷地服务于远距离用户,用户可以不必亲自到图书馆而是通过电话提出咨询问题,工作人员记录问题并进行回答。但采用这种方式的前提条件是图书馆必须设有专门的咨询处,且有供用户咨询用的电话,并有专门人员负责接听。

①优点:用户能远距离提出问题,省却距离带来的不便,同时,电话交谈可以进行直接的语言交流,避免了许多问题的产生。

②缺点:服务时间有限,由于咨询问题的难易程度不一样,咨询馆员对问题的解答可能不及时或最终解答时间不能确定,往往会导致用户不能在某一确定时间获取答案,而要多次打电话询问。所以,这种方式对用户的事实型咨询较为方便,而对检索型和研究型咨询较为不便。

3.信件咨询

信件咨询即函询,是指馆员和读者通过信件交流咨询信息。在电话日益普及的今天,信件咨询仍是远程咨询的一种常用方式。使用这种咨询方式的读者,一般对咨询的问题比较慎重,或认为咨询问题事关重大,或可能涉及自身利益,或认为信件咨询比电话咨询更容易说清楚。但这种咨询方式的时间周期长,既要求咨询读者能清楚地表达所要咨询问题,也要求咨询馆员能对书面答复结果作出准确表述。否则,将会影响到咨询的效果。

二、网络参考咨询服务的形式

网络参考咨询服务是传统图书馆进化到第二代数字图书馆的产物,它可以跨越时间、空间的限制为读者提供咨询服务。网络环境下的参考咨询服务方式以远程、虚拟为主要特征,形式多种多样,不拘一格。不仅体现在利用计算机查找、获取、加工处理信息上,更多地体现在用户与参考咨询馆员在网络上的交流活动,并通过网络实现信息的传递与流动以及全球信息机构的合作与互助。网络参考咨询服务作为最能体现现代图书馆信息服务特点的新型模式,目前,主要有以下几种服务形式:

1. 电子邮件及 Web 表单服务

电子邮件(E-mail)咨询是 1989 年美国佛罗里达州 Gainesvile 大学的 GeorgeA. Smathers 图书馆首创的服务方式,它是一种最为简单易行的数字化参考咨询服务方式,也是最早开展的一项网上咨询服务。它主要是在网站主页或某些网页上设立"参考咨询"或"询问图书馆员"(Aska Librarian)超级链接,用户通过该超级链接可将咨询问题以电子邮件方式发送给相应的咨询人员,参考咨询人员也以电子邮件方式将答案发送给用户。

图书馆接受 E-mail 服务的方式有多种,可以是公布一个电子信箱地址,也可以采用专门的表格(Web 表单),让读者按照表格内容来填写说明自己要咨询的问题及相关要求,然后系统通过一定程序将表格内容转化为结构化的邮件内容。一般表格内容设计较为详细,其内容可包括:提问者姓名、单位、E-mail 地址和所要咨询信息的类别及详细内容,以及回答提问的专家等。

电子邮件(E-mail)咨询方式的优点是不受时间和地域的限制,简便易行,加快了文献的传递速度,特别是对于远距离咨询和需要保密的读者更加适用。其缺点是读者和咨询人员不能面对面接触,缺乏实时互动交流,难以有效分析和澄清问题,馆员不能当面了解读者对咨询服务的满意度。

2.FAQ 咨询服务

FAQ(Frequently Ask Question)即常见问题解答数据库,FAQ 咨询服务是目前图书馆最基本的一种数字参考咨询服务方式。在网络环境下,咨询人员收集、汇总经常遇到的、带有普遍性和典型性的问题,周密解答,汇集答案,分类编排,然后将其设计成网页,这就是 FAQ。而通过 FAQ 服务可以解答一般指南性问题,如图书馆开放时间、服务项目、资源特点与布局、检索方法和信息推荐等。在我国,北京大学图书馆的"常见问题"、天津大学图书馆的"图书馆常见问题与解答"、武汉大学图书馆的"问与答"都属于 FAQ 服务。目前,我国开展 FAQ 服务的图书馆的服务内容也各有差异。有的图书馆开展 FAQ 咨询服务比较全面,如清华大学图书馆主页上的"图书馆利用 100 问"提供的 FAQ 服务,它对资料查找、数据库检索、OPAC 查询及流通阅览与咨询服务中的常见问题都作了全面而详尽的解答。而有的图书馆仅对某一特定的服务开展 FAQ 咨询服务,它们大多是处于开展 FAQ 服务初始阶段的图书馆。

用户在利用图书馆主页查询自己所需信息资料遇到问题时,可点击 FAQ 中的相关问题,这时 FAQ 就会显示匹配答案,问题也就迎刃而解。FAQ 设计得好,可成为图书馆的使用指南,免去读者直接询问的麻烦。对于图书馆来说,FAQ 服务也是一种节约时间和人力的效果显著的网络咨询服务形式。

3. 电子公告板服务

电子公告板(Bulletin Board System,简称 BBS)是一种交互性强、内容丰富而及时的 Internet 电子信息服务系统。用户可以通过 Modem 和电话线登录 BBS 站点,也可以通过 Internet 登录。用户在 BBS 站点上可以获得各种信息服务:下载软件、发布信息、进行讨论、聊天等。

图书馆通过建立自己的 BBS 服务器,利用 BBS 向读者提供一系列服务活动,用户可以随时向参考咨询馆员提出各种问题,参考咨询馆员则定期浏览和回答用户的问题,如不能回答,可将其发往讨论组,寻求问题的解答。公告板或讨论组形式适用于对某类具有代表性的问题或需要讨论的问题的解答。对于一些隐秘性强的和不应公开发布的问题,不宜采用这种咨询形式。

4. 实时交互式服务

即网上实时咨询服务(Real-time Reference Service),这是一种较为复杂和高级的服务形式,具有一对一、交互性、实时性、灵活性的特点。所谓"实时交互式",就是用户与图书馆参考咨询馆员可以实时进行交流,能即时显示交流的图像和文字,从而取得用户与图书馆参考咨询馆员当面交流的效果。

实时交互参考咨询服务采用的主要技术有:网络聊天室(Internet Chat)、网络白板(White Board)、网络视频会议(Video Conferencing)、网络寻呼中心(Call Center Technology)等。主要方式包括:在线交谈(Chat Reference),主要限于用户与参考咨询馆员的在线文字交谈;网页推送(PagePushing),允许参考咨询馆员把一个网页推送至用户桌面,向用户提供推荐的信息资源;共同浏览(Co-Browsing),参考咨询馆员和用户一起浏览网页,由参考咨询馆员指导用户利用网络资源。目前应用最广泛的是 Chat 软件技术。一般在图书馆主页上有聊天咨询服务入口,读者在输入用户名和密码进行身份认证后,即可进行服务交谈。

这种方式的最大优点是即时性与交互性。用户一方只要可以上网,使用用户名与密码登录图书馆咨询服务页面,即可以提出问题,得到即时解答。而另一方的图书馆,如果有用户登录,系统就会通知工作人员接收信息并与用户进行交谈。由于其交互性强,用户与咨询人员之间可以随时就不明确的表达予以澄清,同时,还能对信息资源的内容及使用方法加以介绍。这种咨询方式对指示性问题的解答尤其有效。

5. 合作式数字参考咨询服务方式

合作式数字参考咨询服务(Collaborative Digital Reference Service,简称 CDRS)是由多个图书情报机构联合起来形成的一个分布式的虚拟参考咨询服务网络,是向更大范围的网络用户提供数字式参考服务的一种形式。它是在数字参考咨询服务的基础上发展起来的,它以因特网资源和丰富的图书馆馆藏资源为基础,以全球图书馆及相关机构的数字网络为依托,充分利用各图书馆的馆藏特色和人才优势,并协调服务时间,为用户提供全天候的数字参考咨询服务。当图书馆工作人员由于自身知识的局限而无法解答用户的复杂问题时,这种合作式数字参考咨询服务的作用就尤为明显。最具代表性的合作式数字参考咨询服务系统是美国国会图书馆与 OCLC 在 2000 年 6 月启动的"合作数字参考咨询服务"(CDRS)计划,通过世界各地图书馆的共同参与和开发,实现数字资源和智能资源的共享。目前已有北美洲、欧洲、亚洲和澳洲等洲的 100 多个不同类型的图书馆相关组织和专家咨询网站加入了 CDRS 系统。CDRS 系统有效地实现了信息资源、人力资源、服务资源的最优化共享和利用,是未来数字图书馆咨询服务的重要模式。

在我国,部分图书情报单位已开始尝试走合作式数字参考咨询服务的道路,并进行了一些有益的探索。其中最具代表性的是上海图书馆推出的"网上联合知识导航站",它由上海图书馆牵头,联合上海交通大学图书馆等十几家高校图书馆长期从事情报与咨询工作的专门人员,共同形成的分布式虚拟参考专家网络,每位专家负责若干专题,用户在上海图书馆提供的统一界面下自行指定某位专家进行提问。在交流过程中,上海图书馆中心数据库也对提问和回答进行监控管理。这种基于合作化的参考咨询服务方式,可以说开创了国内合作式数字参考咨询服务之先河。

合作式数字参考咨询服务是图书馆资源共享理念与数字参考咨询服务工作在网络环境下的必然结合、延伸与发展。它不仅实现了资源共享,还实现了智力共享、专家共享、服务共享。从上述几种数字参考咨询服务方式可以看出,每一种服务方式都有自身的特点和优势,但同时也存在一定的局限性。因此,根据用户需求,综合运用几种服务方式将会极大地提高服务的质量和效率。

第四节 参考咨询服务业务案例

参考咨询业务委托内容:对2014年安徽省18个市文广新局(文化委员会)进行调研,查看其网站的栏目设置是否科学、合理;有无在线咨询、解答;存在哪些问题。通过统计分析,提出合理性建议(供参考),形成分析报告。

委托时限：1周时间

经过参考咨询员的调研与分析，形成最终的业务报告并提交给相关部门。各单位对存在的问题进行及时调整，并在此基础上积极进行改版与更新。本次的参考咨询业务报告也得到了相关部门的肯定。业务报告如下：

关于2014年度安徽省各文广局网站存在的问题及修改建议的报告

2014年，安徽省文化系统内市直单位（包括省直县）共有18家单位，分别为：

合肥市文化广电新闻出版局、淮北市文化广电新闻出版局、亳州市文化旅游局、宿州市文化广电新闻出版局、蚌埠市文化广电新闻出版局、阜阳市文化广电新闻出版局、淮南市文化广电新闻出版局、滁州市文化广电新闻出版局、六安市文化广电新闻出版局、马鞍山市文化委员会、芜湖市文化委员会、宣城市文化广电新闻出版局、铜陵市文化广电新闻出版局、池州市文化广电新闻出版局、安庆市文化广电新闻出版局、黄山市文化委员会、广德县文化广电新闻出版局、宿松县文化广电新闻局。

其中，广德县文广新局无网站。

我们以2013年文化部政府网站建设先进单位为参照，选取安徽省文化厅网站与山东省文化厅网站为模板，对17家网站进行分析，列出问题并提出相关建议。

依照安徽省文化厅和山东省文化厅网站模板，网站设置的主要栏目有新闻中心（文化资讯）、政务公开、在线办事、互动交流、文化服务等内容，各栏目下分设二级栏目，将文广动态、通知公告、机构介绍、政务公开等内容放入二级栏目内。除此之外，网站还设有天气、日期、微博、微信、站内搜索引擎等便民栏目。

以下是17家网站情况汇总：

合肥市文化广电新闻出版局

合肥市文广新局网站栏目设置基本合理,部分栏目内容更新及时,有在线服务内容。存在以下问题:

1.首页显示的局长信箱,点开后显示的表格标题是"在线建议"。建议修改为"局长信箱"。

2.首页上图片新闻的三篇文章《合肥市图书馆第一届理事会正式成立》、《我局召开党的群众路线教育实践活动总结大会》与《第二届"合肥市全民文化活动周"启动》,内容页内的图片格式有误。

3.首页显示的机构概况栏目,下分机构职能、领导分工、局属单位、县区文广,点击各按钮进入内容页后,各栏目又分为首页、机构设置、领导简介、机构概况、局属单位、部门职责等。建议将首页栏目设置与内容页栏目设置统一。

4. 首页上机构概况——领导分工,各位领导照片大小与描述的字体大小都不一致,建议修改一致。

5. 首页上互动中心——"热点回应"与"政风行风评议",点击按钮后链接错误。

6. 首页上政府信息公开——"政府信息公开目录"与"依申请公开"链接错误,打开"公众监督"网页失败。

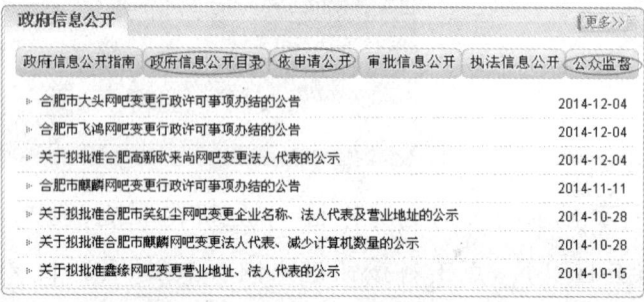

7. 首页上网上办事——网上审批,点开后为"江苏省新闻出版局委托书电子备案系统"。

8. 首页上"非遗保护"栏目，点击后发现内容页内所有文章标题"非遗"两个字没有加引号。参考文化部网站，在使用"非物质文化遗产"的简称"非遗"时，均须加上引号。

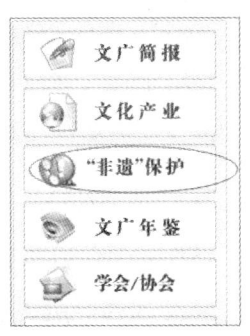

9. 文广互动——在线访谈，"在线访谈"用词不当，建议将"在线访谈"修改为"在线咨询"。

10. 文广互动栏目下的"在线访谈"、"建议留言"、"监督投诉"、"在线举报"、"局长信箱"、"办件查询"、"网上调查"、"热点回应"几个栏目中,有内容重复的现象,建议去掉重复栏目,将栏目修改为"在线咨询"、"投诉建议"、"局长信箱"、"办件查询"、"网上调查"、"热点回应"。

11. 文广互动——热点回应,点击按钮,内容为空。

12. 文广互动——广电中心,点击按钮,内容为空。

13. 法律法规——政策解读,内容页里的"局长信箱回复"、"咨询回复"等内容与该栏目不符。

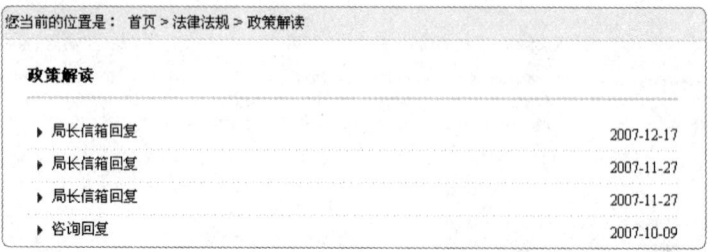

14. 文广动态——党建在线、科学发展观,内容更新不及时。

15. 文广服务——演出预告内容更新不及时。

16. 文广概览——文广旅游、文广年鉴、学会/协会,内容更新不及时。

17. 法律法规内容更新不及时。

淮北市文化广电新闻出版局

淮北市文广新局网站打开速度很快,网站栏目设置合理,内容更新及时,但互动交流内容较少,只有联系电话,无在线提交页面。无在线服务相关内容,无微博、微信等内容,无天气、日期等便民信息。主要存在以下问题:

1. 诚信建设——红黑榜,内容为空。

2. 互动交流——网上调查内容为空。

3. 机构概况——机构设置内容为空。

4. 首页上信息公开——审批信息公开内容为空。

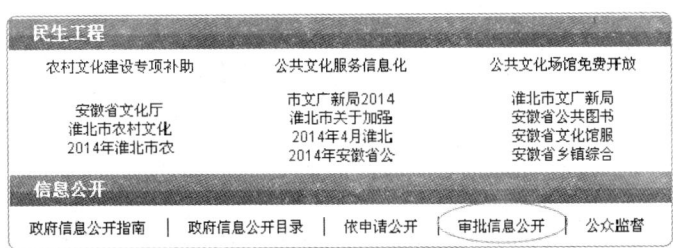

5. 首页上搜索按钮,点击后无反应,无法搜索内容。

亳州市文化旅游局

亳州市文化旅游局新建的网站页面美观、大气,栏目设置简洁明了,但部分内容有重复,且更新不及时,互动交流内容很少。主要有以下问题:

1. 政务公开——信息公开年报,点击后内容为空。

2. 行业管理,信息更新不及时。

3. "亳州概况"与"亳州印象"的二级栏目中,文化名人、民俗民风、文物古迹、文化"非遗"内容重复。

4. 政务公开栏目,政府信息公开内容更新不及时,部分内容为空。

5. 网站的互动交流内容很少,只有首页上有个"咨询投诉"按钮。建议增加网上调查、意见征集等内容。

6. 在线办事只有办事指南,内容太少。建议增加网上办事、办事结果查询等内容。

宿州市文化广电新闻出版局

宿州市文广新局网站栏目设置较多,但只有一级栏目,无二级栏目,建议整合相关一级栏目,增设二级栏目,将整合的内容放入二级栏目内。内容更新不够及时,很多栏目无内容,在线服务内容较少。主要问题如下:

1. 首页上的图片新闻的内容更新不及时,为2013年内容。

2. 首页上"网上办事",各审批、审核内容多为空。

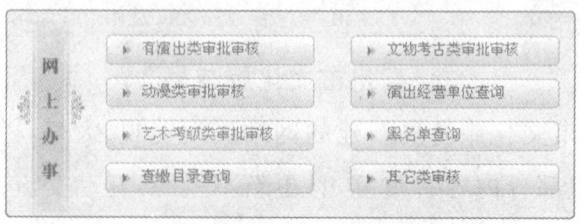

3. 首页上"场景导航",各项目内容为空。

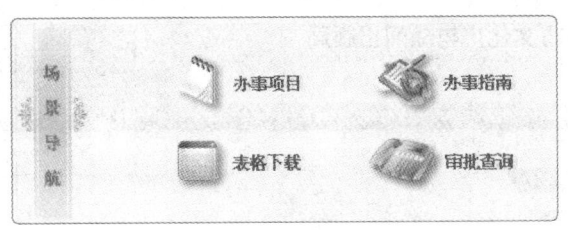

4. 首页上的浮动窗口"宿州博物馆",建议增加关闭按钮。

5. 首页上的"艺术创作"、"文化产业"、"文化交流"、"文化要情"、"文化信息"等栏目,内容更新不及时。

6. 首页上的"局长信箱",内容为空。

7. 首页上的"联系我们",内容太单薄,只有一个联系电话,无地址等信息。

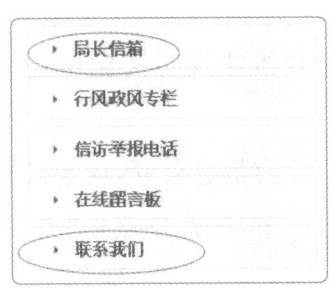

8. 市局概况——县、区局简介,内容为空。

9. 政务公开——人事信息,内容更新不及时。

10. "工作动态"栏目,内容设置不合理。

11. "社会文化"栏目,无内容。

12. "政策法规",内容更新不及时。

13. "文化宿州"栏目,无内容。

蚌埠市文化广电新闻出版局

蚌埠市文广新局网站内容设置合理,但部分栏目内容重复,无在线服务内容,无微博、微信等便民信息。主要问题如下:

1. 文化动态——"图片报道",点击后新闻无图片。

2. 信息公开——政策法规与文化市场——政策法规,栏目重复。

3. 信息公开——政府信息公开,内容较少。

4. 首页上的网上办事,该栏目点击"更多"之后跳转至"专栏报道"页面,栏目下的"办事指南"、"资料下载"、"在线申报"、"办件查询"全部无法打开。

阜阳市文化广电新闻出版局

阜阳市文广新局网站栏目设置不够合理,多有重复,无在线服务内容,无日期、天气、微博、微信等便民信息。主要问题如下:

1. 政务信息——视频专栏无内容。

2.工作动态栏目点开后,左侧显示的内容是通知公告,栏目设置不合理。建议将"工作动态"栏目放入"政务信息"栏目下。

3.政务信息——通知公告与政务公开——网站公告,内容重复。

4.政务公开——意见建议,点击后内容与"政民互动"栏目内容重复。

5.政务公开内容较少,基本都是领导讲话、公告通知、部门文件等,没有人事、财务等信息的公开。

6.政策法规栏目内容更新不及时。

7.无在线办事服务内容,无天气、日期、微博、微信等便民信息。

淮南市文化广电新闻出版局

淮南市文广新局网站设计简单,内容较为单薄,有待改进。内容更新不及时。主要问题有:

1."文化艺术"、"文化市场"、"文化产业"、"广播影视"、"新闻出版"、"政策法规"等栏目内容更新不及时。

2.首页上的"中国政府信息公开系统"不够醒目,建议增设"政府信息公开"栏目。

3.首页上"政风行风建设动态"内容为空。

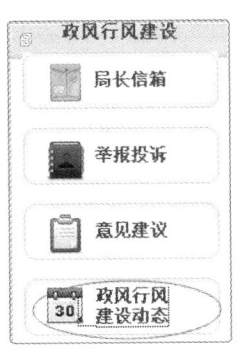

4. 首页上"淮南文化集萃"内容为空。

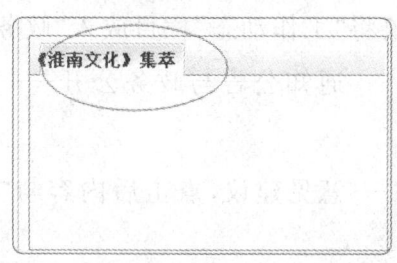

5. 无日期、天气、微博、微信等便民信息。

滁州市文化广电新闻出版局

滁州市文广新局网站内容丰富,更新及时,栏目设置较多,但无互动交流与在线办事栏目。主要问题如下:

1. 首页上的政府信息公开——政府信息公开目录,点击后链接错误,链接的内容是政府信息公开指南。

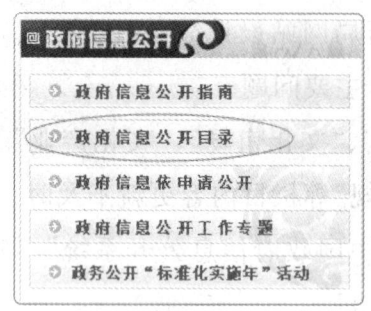

2. 政策法规栏目内容更新不及时。

3. 文广新动态——在线视频,内容更新不及时。

4. 文广新动态——文化民生工程、深入学习科学发展观、三项学习教育园地、"三民"工程大走访、党风廉政建设、"六五"普法、"党的群众路线教育实践活动",建议将这些栏目放入"专题专栏"栏目。

5. 文广新动态——"文档下载"栏目设置不合理。

6. 公共文化——"艺术培训"、"乡镇综合文化站建设"栏目内容更新不及时。

7. 党建工作与文广新动态——"党风廉政建设"内容重复。

8.无网上办事、互动交流服务内容。

六安市文化广电新闻出版局

六安市文广新局网站内容丰富充实,栏目设置合理,但是有些栏目无内容,希望尽快更新内容。"在线办事"、"互动交流"两个栏目设计较好。主要问题有:

1.首页上的政务公开——"信息公开意见箱",点击后链接不正确。

2.首页上的皖西文化——"文保单位",内容显示"正在更新中..."。

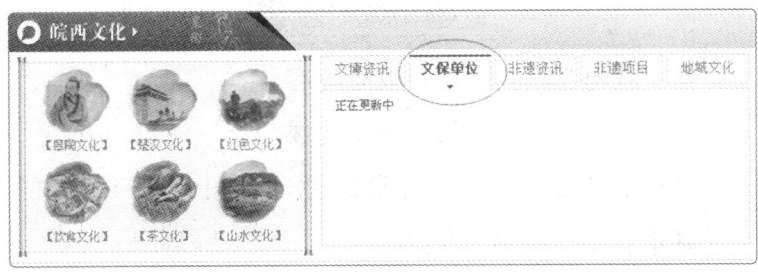

3.在线办事——"网上审批",内容显示"正在更新中..."。

4.皖西文化专题内容有待充实。

马鞍山市文化委

马鞍山市文化委网站设计较为合理,内容更新及时。主要问题有:

1.首页上的"文化政策"栏目内容更新不及时。

2.首页上互动栏目——"市文化委政务信息公开",点击链接打不开。

3.首页上互动栏目——"文化信息资源共享工程",内容更新不及时。

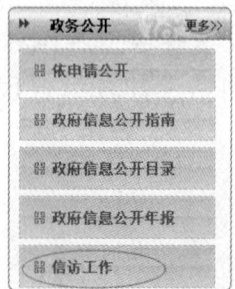

4.无在线办事、互动交流服务内容。

芜湖市文化委

芜湖市文化委网站打开速度较慢,首页上浮动窗口太多,栏目设置基本合理。主要问题有:

1.首页上工作动态第一条"南陵大讲堂"为2013年内容。

2.首页上政务公开——"信访工作"栏目内容为空。

3.首页上网上办事大厅——"民意征集"栏目,点击链接不正确。

4.首页上网上办事大厅——"联系我们",只有邮箱,无电话、地址等信息。

5."文委概况"栏目内容页格式不正确。

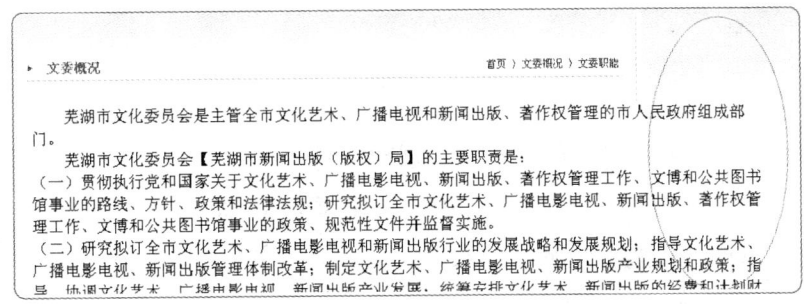

6.无微博、微信等信息。

铜陵市文化广电新闻出版局

网站的栏目设置尚有提升空间,需充实内容,无在线服务内容。主要问题有:

1.文化艺术——"工作动态"、"艺术创作"栏目内容较少。

2.文化产业——"文化产业规划"、"文化产业政策"、"文化产业发展"栏目均无内容。

3.文化市场——"工作动态"栏目无内容。

4.文化市场——"行政许可"栏目内容更新不及时。

5.广播影视——"电影与网络动态"栏目无内容。

6.新闻出版——"工作动态"、"政策宣传"、"农家书屋"栏目均无内容。

7. 党的建设——"工作动态"栏目无内容。

8. 首页上政务公开专题——"政府信息公开指南",点击后内容为空。

9. 首页上政务公开专题——"政府信息公开年报",点击后链接错误。

10. 首页上"文化遗产",点击后链接错误。

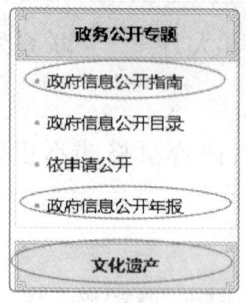

11. 无在线办事、互动交流服务内容。

池州市文化广电新闻出版局

网站设置较合理,但内容有待充实。主要问题:

1. 首页上"网上办事"栏目内容为空。且各按钮全部无法点击。

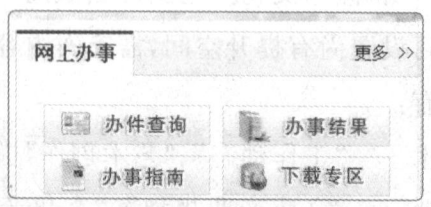

2. 首页上的"互动交流"栏目,除网上调查外,无其他内容。

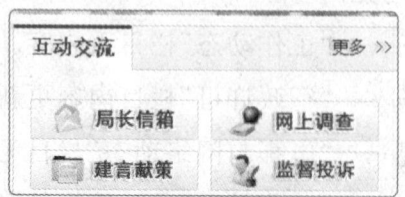

3. "行政许可"栏目内容更新不及时。

4. 无微博、微信相关内容。

安庆市文化广电新闻出版局

网站设置合理,内容丰富,但少部分内容更新不及时,无网上办事内容。

1.首页上的"市场管理"栏目名应为"文化市场"。

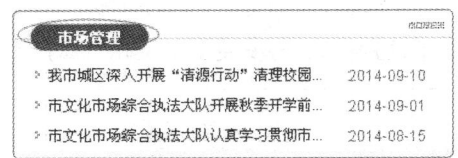

2."政策法规"栏目内容更新不及时。

3.无网上办事服务内容,无微博、微信。

宣城市文化广电新闻出版局

网站栏目设计合理,但不够美观,部分内容更新不及时。主要问题:

1.首页上的"新闻动态"栏目的图片新闻页面太小,图片人物不清楚。

2.首页上的"投诉反馈"栏目打不开。

3.首页上的"局长信箱"无显示。

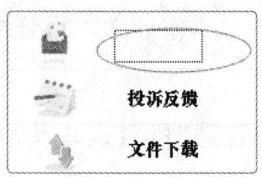

4.首页部分内容格式不够美观,表格不对齐。

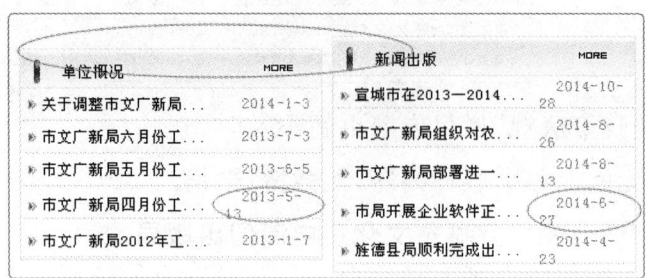

5."政务公开"栏目链接打不开。

6.新闻出版——"工作部署"栏目内容更新不及时。

7.广播电视——"工作部署"栏目内容更新不及时。

8.文化艺术——"工作部署"栏目内容更新不及时。

9.非遗保护——"工作部署"栏目内容更新不及时。

10.文化产业——"工作部署"栏目内容更新不及时。

11.文物保护——"工作部署"栏目内容更新不及时。

12.文化市场——"工作部署"栏目内容更新不及时。

13.党建工作——"工作部署"栏目内容更新不及时。

14.首页底部的"返回首页"、"关于我们"、"法律声明"、"联系我们",链接错误。

15.无网上办事与互动交流服务内容,无微博、微信。

黄山市文化委

网站设计简洁明了,栏目设置合理,内容充实,信息更新及时。主要问题:

1.首页上的"意见征集"与"网上调查"栏目,内容为空。

2.政务服务——"政策解读"栏目内容为空。

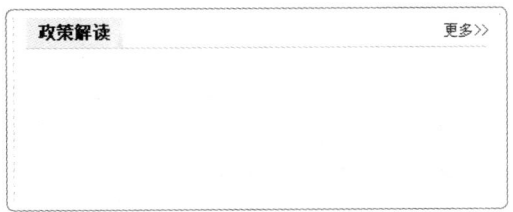

3.无网上办事服务内容,无微博、微信。

宿松县文化广电新闻出版局

网站设计栏目较为合理,内容充实,但更新不够及时。主要问题:

1.首页排版不够美观,多有空白处。

2.文广新概况——"文广年鉴"、"办事指南"栏目,内容为空。

3."产业发展"栏目内容更新不及时。

4."党群工作"栏目内容更新不及时。

5."政务公开"栏目内容更新不及时。

6."在线咨询"栏目内容为空。

7.无网上办事服务内容,无微博、微信。

8.建议在各栏目下设二级栏目。

第五章　参考咨询服务内容

参考咨询服务的内容十分丰富。传统的参考咨询服务分为书目参考服务与解答咨询服务两个方面,具体包括文献调查工作、参考工作、书目工作、解答咨询工作、文献检索工作和文献提供工作。除此之外,许多研究者还把读者辅导、用户教育培训、开展专题情报研究服务、文献传递与馆际互借、参考咨询评价等也都纳入参考咨询服务的范围。

现代信息技术的飞速发展,给图书馆带来了全新的网络环境。在网络环境下,参考咨询服务除了原有的咨询服务内容,如开展书目咨询、解答读者提出事实型咨询问题外,还增加了许多新的内容,包括网上图书馆介绍、图书馆知识性咨询服务、网络目录咨询服务、网络专题咨询服务、用户培训服务、提供镜像数据库服务、网络咨询协作系统建设、帮助读者选择和使用数据库、OPAC业务培训、联机实时帮助、运程检索服务、电子邮件服务、LISTSERVS服务系列(含LIBRDF—L参考馆员邮件和STUMPERS—L挑战性咨询问题邮件服务等)、网络检索工具介绍与评估、咨询数据库建设和网络信息提供服务等。网络参考咨询是以电子文献、数字化文献或网络信息为基础,以计算机检索和网络检索为方式,通过网络对本馆的一切用户进行的各项问题解答活动。

由此可以看出,图书馆参考咨询的内容范围是在不断发展变化的,传统的参考咨询服务是以纸质文献为基础、以手工检索为方式、以本馆读者为对象而进行的各项问题解答活动;而网络环境下的参考咨询,服务内容更丰富,服务范围更广,服务层次更高。可以说,传统参考咨询是网络参考咨询的基础,而网络参考咨询是传统参考咨询的发展和延伸,两者体现了历史的延续性。目前大、中型图书馆参考咨询服务的内容,主要有解答咨询服务、书目参考服务、文献检索服务、用户教育服务和专题情报研究服务等。

第一节 解答咨询服务

解答咨询服务,即对读者提出的一般知识性问题,如有关事实、数据等,通过查阅有关的检索工具,直接回答读者;或指引读者利用某一检索工具查阅有关资料,以求得问题的解决。解答咨询服务作为参考咨询服务的最初形式,是参考咨询服务最常见的服务内容。其解答咨询的方式主要有口头回答、电话回答、E-mail回答、表单回答等。对于一些常见问题,很多图书馆是通过设置咨询台或开展FAQ服务来解决的,这是一种非常有效的做法。

一、解答咨询的类型

1. 事实型咨询

是指读者对某一具体知识的提问,包括人物、事件、中外文名词、产品配方参数、材料的成分及性质和用途、电子元器件的技术性能参数、引进设备或产品的生产厂家、型号、性能和价格等,一般都可从相关的工具书中获得直接、可靠的答案。

2. 专题型咨询

当读者提出需要有关某一人物或某一专题的各方面的图书资料时,则需要查找中外文图书、报刊、论文、小册子等。

3. 导向型咨询

主要是指导读者查找和积累一些与专题有关的图书资料而进行的咨询。在此类咨询中,读者提问的重点不是具体的文献或文献内容,而是检索方法,咨询人员这时的作用是进行检索辅导。

以上三种咨询问题的回答分三个层次,口头咨询是参考咨询最基本的方式,是第一层次,读者和参考咨询员直接接触进行交流;第二层次的解答为一种书目咨询,是较深层次的咨询;第三层次是一种情报检索服务。

二、解答咨询的范围

从读者咨询问题的内容来看,解答咨询的范围大体为:介绍馆藏资源;介绍图书馆的各种服务;介绍图书馆的各项规章制度、读者行为规范及馆舍布局,提供文献资源利用指南;提供常见问题解答服务、在线(On－line)辅导文献信息查询服务等。对咨询问题回答得好坏,不仅与参考咨询人员的能力有关,还与图书馆文献资源的收藏情况有关。有时用户需求的文献比较精深,需要提供情报研究服务,则参考咨询馆员须对情报的隐性信息进行开发与组织,写出有决策意义的分析报告。也有些问题不属于参考咨询的范围。例如,我国台湾"中央图书馆"的《参考服务准则》规定了"参考室"的工作职责,即参考服务工作的第一项任务是咨询解答,同时还规定除参考室执行一般参考服务工作外,各分科阅览室(学位论文室、期刊室、善本书室、法律室、政府出版物阅览室、日韩文室、缩影资料室、视听室、汉学资料室等)亦提供参考咨询服务。该馆规定诸如学生作业、考试、有奖征答、猜谜、法律诉讼与鉴定古董、美术品、翻译书信或文件等不在服务范围内。

第二节 书目参考服务

书目参考,是对读者提出的一些研究性问题,如专题性、专门性研究课题等,通过提供各种形式的专题文摘、目录、索引,供读者查阅所需文献资料,以解决有关课题的咨询。由于它不直接提供具体答案,只提供资料线索以供解决有关问题时参考,所以被称为"书目参考",或"专题咨询"。对于一些未经提问或常设的课题,不少图书馆通过编制专题目录、索引与文摘,主动提供文献信息,开展书目情报服务,这是传统参考咨询服务的一项重要内容。而网络参考咨询服务中的"学科导航"、"本馆资源导航"及书目数据库建设,则是网络环境下的书目参考服务。书目参考工作的立足点是文献信息加工。选题应以客观需要为依据,在选择材料时,要求对某一特定范围内所必需的文献,做到尽可能全面、系统收录。在实际工作中应注意考虑以下几点:

①根据书目建设的长期性需要和任务来确定选题。
②根据参考咨询部门带有普遍性的咨询问题及检索工具配

备情况确定选题。

③根据当前重要科研课题确定选题。

④根据当前的中心工作确定选题。

一、网络资源学科导航数据库

所谓网络资源学科导航数据库,是指按学科门类将分散在互联网上的学术资源集中在一起,以实现网络资源的规范搜集、分类、组织和序化整理,并能对导航信息进行多途径内容揭示,方便网络用户按学科查找相关学术资源的系统工具。

1. 信息资源的选择

网络资源学科导航数据库与其他网上导航工具相比,具有专业性、易用性、准确性、时效性和经济性的优点。在网络学术资源的选取上,应注重以下四个方面:

(1)重视内容准确性,强调学术价值。

用户查找利用信息主要是为满足科研活动的需要,一般而言,他们对信息质量的要求较高。因而应当选取某学科范围内有学术价值、有一定深度、能反映本学科前沿发展水平和发展动态的网上学术资源。学科的内容范围和准确性应是首先要考虑的重要指标。

(2)重视信息制作发布者的可信度。

选择印刷版图书时,著者、出版社是一个重要的参考因素;选择期刊时,应首选核心期刊;网上信息的制作发布者也是一个重要的考虑因素。权威信息中心或情报机构、本学科学术刊物的出版单位、各种社会组织制作发布并提供的信息是学术性信息的主要来源。

(3)重视信息的稳定性。

网络信息资源是动态变化的,而网站、网页形式相对稳定,有利于用户使用。印刷型文献的数字化、网络期刊、联机数据库、图书馆 OPAC 目录等都是比较稳定、准确可靠、方便存取的信息资源。

(4)利用方便性程度。

科研任务的前沿性要求科研人员必须面对数量极大的最新专业文献,因此,网站能否方便使用,是否符合专业人员查找相关文献的习惯,是否允许多种访问工具在较短的时间内进入并搜索到所需的最新资料等,是应考虑的因素。

2.信息资源的获取途径

在网络环境下,利用正确的途径和手段获取网上学科资源是建好学科导航库的关键。目前,获取信息资源的途径主要有以下几种:

(1)权威网站。

专业领域的权威网站都设有"网络导航"之类的栏目,提供相关专业网站的热点链接,个别网站还提供对某些专业站点的评述,因此可作为获取信息的重要渠道。

(2)搜索引擎。

利用搜索引擎,将其作为收集相关信息的工具。一是利用搜索引擎的分类体系集中查找某一学科的信息资源;二是利用搜索引擎提供的"关键词"检索一些在分类体系中难以体现出来的某些比较专业的学术信息。

(3)网址类检索工具书。

目前,大量涌现的网址导航类网站也是获取学科信息的有效途径之一,此类网站一般分通用网址导航和专业网站导航两类,例如,好 123 网址之家(http://www.hao123.com)、建筑网址大全（http://wz.lagoo.com.cn）等。

(4) 专业性期刊与学科主题指南。

许多专业刊物都提供了本专业领域主要网站的地址信息，专业协会的一些通讯杂志也是引导专业信息搜集的门径，其印刷本、网络版上都有本协会网站的介绍。

(5) 利用开放获取的信息资源。

开放获取（OpenAccess）被视为未来学术出版的模式，是促进科研信息交流、沟通学界与大众的有效途径，它是指把同行评议过的科学论文或学术文献放到互联网上，使用户可以免费获得，而不需考虑版权或注册的限制。如美国 Uncover 公司有 17 000 种期刊的论文目次可提供网上免费检索服务，其中约三分之一附有论文摘要，有些电子期刊和工程技术文献可免费使用；美国 IBM 公司主页中收集了自 1971 年以来的全部美国专利文献，也可免费下载。这些免费、便捷的共享网络信息资源，是图书馆配置信息资源的首选对象，应当加以充分利用。

(6) 利用学科主题指南查找。

学科主题指南一般是由学会、大学、研究所或图书馆等学术团体或机构编制的网络学科资源导航目录，一般经过专业人士的加工和组织，所含的信息切合主题，实用价值较高。最常见的学科主题指南有 the Argus Clearing House，Bubl Link，WWW 虚拟图书馆等。如 BublLink 中的所有资源都是经过精心选择的，并有网站描述；WWW 虚拟图书馆提供各学科的网络资源导航，是一个按学科主题进行分类的信息资源库，内容十分广泛。

(7) 利用其他相关专业图书馆的导航资源。

国内一些图书馆在学科导航建设上积累了丰富的专业资源，如北京大学图书馆、清华大学图书馆等的重点学科导航库建设卓有成效，通过它们可获得很多专业网址，能查找到很多相关专业信息。

二、书目数据库

1. 书目数据库的含义

书目数据库,英文全称为 Online Public Access Catalogu System,英文缩写为 OPAC,即公共联机书目查询系统,是一种提供存储和检索书目信息的文献数据库。书目数据库通常都是图书馆目录计算机化的产物,故又称"机读目录"。书目数据库的常用检索工具有分类表(分类法)、主题词表、关键词、索取号等,主要用来报道馆藏各种文献的书目信息和存储地址,可以体现一个图书馆的馆藏资源情况,方便人们查找资料。

2. 书目数据库的特征

书目数据库通常有馆藏书目数据库和非馆藏书目数据库两大类。其特征表现为:

(1)数字资源丰富。

目前,大多数图书馆的 OPAC 资源收藏范围在不断扩大,数字资源日益丰富,不仅能提供文献型书目信息,还能提供数字化馆藏信息;不仅收录馆藏中外文图书信息,而且收录中外文期刊,同时还增加了电子出版物光盘、VCD、DVD 等音视频多媒体信息。在一些高校的 OPAC 系统中,还收录了学位论文、教学参考书等资源。近年来,一些图书馆开始对 OPAC 资源进行纵向整合,即以书目数据库为核心,向全文、目次、文摘、书评、音频和视频多媒体信息等资源扩展,构建整体的、立体化的、全方位的 OPAC 资源体系。在 OPAC 系统中,不仅能检索到书目信息,而且能阅读到全文文献,浏览其文摘、书评以及与之相关的音频、视频等资料。用户通过OPAC系统,可以获得满足自己多种需求的各类资源。

(2)检索方式灵活。

大部分的OPAC系统都有较强的检索功能,提供关键词检索、词组短语检索、复合检索等多种检索方式,并提供逻辑组配检索,提供匹配方式选择,以提高检索效率。同时具有多种显示、输出功能和查询结果排序功能。针对布尔逻辑匹配标准僵化、相关程度难以描述、无法满足检索需求等弊端,一些OPAC系统采用词频加权等模式以弥补布尔逻辑的不足,并引入多种智能化检索机制,使用户能够方便、快捷地查询到所需资源。

(3)用户界面友好。

OPAC系统界面友好,简单方便,易于使用,多数OPAC系统都提供对检索系统的概要介绍和检索方法的说明,使用简捷的文本框选择、提供检索历史记录以减轻用户查询负担;对菜单的操作符合用户的习惯,能够满足不同用户的不同需求。随着信息技术水平的不断提高,OPAC用户界面也在朝着规范、简洁、生动、拟人化方向发展,多种人机交互方式以及多语言设置界面、触摸屏用户界面、语言用户界面等,也将为OPAC系统所采用。

(4)服务方式多样。

OPAC系统具有多种服务功能。如提供帮助和纠错功能,用户可以通过提示帮助,直接获得有关的操作提示、出错提示、上下文相关帮助等信息,从而快速掌握一般检索方法;提供信息查询服务,可随时进行用户信息查询、图书续借与预约、更改密码、请求和提问。一些OPAC系统还顺应资源共享的发展趋势,提供与馆际互借系统的链接,当用户所需信息本地OPAC系统未收藏时,可直接在网上申请馆际互借服务。

3.书目数据库的检索方式

各书目数据库系统的检索方式,大体上分为简单检索、高级检索和限制检索三种。

(1)简单检索。

即使用一种字段进行检索。不同OPAC系统提供的字段不完全相同,但基本包括题名、责任者、主题、关键词、分类号、书号、出版年、出版者等。多数OPAC使用下拉菜单方式,从下拉菜单中选择想用的检索字段,输入想用的检索词即可进行检索。命中记录中包含所输入的检索词或检索词中的一个单元,但各单元不一定相邻,也不一定在同一子字段。关键词检索对检索词的规范要求不高,为提高检索的准确性,有的书目数据库检索系统还提供了检索词的不同匹配模式,如前方一致、后方一致、包含、精确匹配、模糊匹配等。

(2)高级检索。

也称"匹配检索",即提供布尔逻辑组合等复杂检索功能,可以实现相同或不同字段间的组配检索。题名、主题、责任者、出版者是多数书目数据库系统提供的组配字段,有的书目数据库系统则提供系统全部字段的组合。提供的基本逻辑算符包括"与(AND)"、"或(OR)"、"非(NOT)"、"异或(XOR)"。

(3)限制检索。

由于书目数据库系统资源类型复杂,语种较多,为了提高检准率,需要对检索范围进行限制。书目数据库系统设置了不同的检索限制方式,主要包括"作品语种"、"出版年"、"文献类型"和"馆藏地"等几种方式。为了调整或缩小检索范围,一些书目数据库系统在简单检索和高级检索方式中还提供了"二次检索"功能,即在前次检索结果范围内,通过追加限定条件,进一步缩小检索结果的范围。通常情况下,用户在图书馆主页上,可以利用馆藏书刊目录查询中文期刊分类目录、外文期刊分类目录、新版古籍丛书书目数据库、CALIS 联合公共目录、全国期刊联合目录、图书馆主页的网络导航栏目的网上图书馆的信息。还可以利用国内外很多图书馆的书目数据库查询，如国内几个重要图书馆的 OPAC：清华大学图书馆 OPAC、北京大学图书馆 OPAC、国家图书馆 OPAC、中科院文献情报中心 OPAC、CALIS 联合公共目录查询、CASHL 外文书刊联合目录。

值得注意的是，书目数据库建设是一项耗费人力、物力、时间的复杂而细致的工作，特别是在图书馆自动化建设初期，创建回溯数据库要将十几万，乃至几百万馆藏文献转化为书目数据，要投入大量的人力和时间。对于一般的图书馆来说，不必自己建库，而可以利用他馆已有的书目数据库，通过有偿购买转化为本馆的书目记录，建设本馆馆藏书目数据库。新书的编目可以利用编目中心发行的机读书目数据转换或自行编目。

第三节 信息检索服务

信息检索是指将信息按一定方式组织和存储起来，并按需检索出有关信息的过程。信息检索按手段可分为手工检索和计算机检索，按检索对象可分为文献检索、数据检索和网上信息检索等，按服务项目可分为一般课题检索、定题服务检索、查新服务检索等，按课题性质可分为事实型检索、专题型检索、导向型检索、综合型检索等。传统的信息检索是以文献检索为主要方式，现代的信息检索则是以数据库检索和网上信息检索为主要方式。"网络导航"、"学科导航"、"本馆资源导航"、"学科信息门户"和"特色库"的建设与利用,是新时期信息检索的重要工作内容和信息检索资源。

一、信息检索的原理

信息检索(Information Retrieval)是情报工作的一项重要内容。随着现代信息技术的飞速发展,信息检索已经发展成为计算机信息处理的分支学科。信息检索的实质就是将用户的提问特征与数据源进行对比,然后将二者相一致或比较一致的情报提取出来提供用户使用的过程。

二、信息检索服务的内容

1. 回溯检索服务

回溯检索服务是指不仅要查找最新资料,而且要回溯查找过去年代的资料,即遍查几年、几十年来的所有资料。回溯检索服务特别适合于申请专利时为证实新颖性而进行的检索要求,也适合于撰写评论文章或教材,以及从事新课题研究而需要全面系统掌握有关文献的要求。

2. 定题检索(SDI)服务

定题检索服务是针对用户需求,定期地提供各种最新情报,让用户及时掌握自己需要的信息的服务,也称"对口服务"、"跟踪服务"。这是一种持续不断的服务,所提供的资料都是当前最新发表的文献资料,以便于用户跟上学科的发展步伐,了解学科发展水平和动向。

3. 全文检索服务

根据用户的需求,利用全文数据库提供的检索功能,查找并直接把文献原文提供给用户。

4. 数值型或事实型数据检索服务

根据用户要求,查找科学数据和事实,如各种物理常数、物质特性或参数、化学分子式、物理常数、市场行情、电话号码等,这些数据是一些能够直接使用的信息。

5. 网络信息检索

随着互联网的普及与发展,网络资源以其独特的丰富性与无限性逐步成为图书馆的重要资源,开发网络资源已成为图书馆信息服务的主要任务,网上检索服务将成为一种更具发展前景的服务方式。网络信息检索必须使用互联网提供的"信息检索工具",网络信息检索工具主要有三类:

(1)交互式信息提供服务。

这是一种既具有用户友好界面又具有交互式浏览功能的检索工具,主要有 Gopher 和 www 两种著名的网络检索工具。

(2)名录服务。

是向用户提供查找互联网用户信息的服务(即所谓"白页服务"),或者提供查找互联网上各种服务系统及其提供者的信息的服务(即所谓"黄页服务")。通过"白页服务"用户可查找某个人或某个机构的电子信箱地址;通过"黄页服务",用户则可以查找到某个图书馆的联机查目系统的 IP 地址或者某个 FTP 服务器的 IP 地址。目前在互联网上运行的常用的名录服务型信息检索工具有三种:WHOIS,NETFIND 及 X.500。

(3)索引服务。

这是通过查找索引目录向用户提供文件检索的服务,检索对象可以是分别存储在互联网上的许多不同网站(或主页)上的各类文件。其检索结果可以是文件的存储地址(主机地址、查找路径和文件大小),也可以进一步通过检索工具直接获得这些文件。

三、信息检索工具的综合性应用

1. 书本式检索工具与期刊式检索工具相结合

书本式检索工具具有方便查阅的优点,但有时又受出版时间的限制,不能反映最新的资料。期刊式检索工具能反映最新的资料,但因篇幅有限,又不能全面反映资料的历史内容。所以,如果将书本式检索工具与期刊式检索工具结合使用,就可以获得更加全面的信息。如在专题书目、索引等出版后,利用期刊式检索工具补充有关资料,便可获得过去和现在的全部内容。

2. 专业性检索工具与综合性检索工具相结合

查找学科方面的专题资料,应考虑选择专业性检索工具。因为专业性检索工具收录的学科范围比较窄,通常是某一学科或专业领域的内容,如《生物学文摘》、《中国生物学文摘》等。这些专业性检索工具,能节省时间和精力,方便科技人员检索。同时,也要注意使用综合性检索工具。因为综合性检索工具收录的学科或专业范围比较广,所涉及的文献类型和语种也比较多,对查检分散在不同类目中的一些跨学科文献十分有益。因此,也要注意利用综合性检索工具。在检索中要注意将专题书目与综合性书目、专题索引与综合性索引、专业数据库与综合性数据库等配合起来使用。

3. 印刷型检索工具与网络型检索工具相结合

印刷型检索工具,使用时无需借助其他设备,具有使用方便、可靠性强的优点,但存在内容更新慢的缺点。网络型检索工具更新速度快,可以通过不同的途径进行检索,在一定程度上弥补了印刷型检索工具的缺陷。由于目前不可能将所有的检索工具都传输到网上,且数据库一般回溯时间短,因此,要注意将两者结合利用。

4. 中文检索工具与外文检索工具相结合

中文检索工具只反映国内的研究成果,而要获得世界上某一专题的最新资料,了解国外的研究动态和发展趋势,还需要使用外文检索工具,以便对国内外的研究动态都有充分的了解,继而才有可能写出具有较高学术质量的论文。如对书目的查找,除要查找国内的《全国总书目》、《中国国家书目》外,还要查找美国的BIP、英国的BNP等书目,这样才能掌握世界范围内的科研动态信息。

四、资源入口的选择

各种搜索引擎和数据库各有优势,所以,选择合适的检索资源入口,对于检索能否顺利进行和检索到的内容是否准确的影响很大。如查找"保持党员先进性"的文章,网页和论文数据库都能提供,但网页的资料优于数据库。因为"保持党员先进性"的文章很早就有,网页的资料很多与"十六大"、"两个务必"有关联,这正是读者所需的。又如查找国内专利资料,可直接进入国家知识产权局网页。熟悉各种特色数据库的使用,会给信息查找带来很大的方便。

在文献传递服务中要根据申请文献的学科类目选择文献源。如,某馆在文献传递服务初期,通常是通过CALIS馆际互借系统为用户传递文献,但常常遇到的问题是:有的文献申请(尤其是工科的文献)响应时间比较长,有时甚至二至三个星期还没有回复,读者等得很着急,参考咨询人员也很着急。此时可改用清华大学馆际互借系统传递文献,结果是文献申请刚刚发出一个小时,就有了回复,速度非常快。由此可以得出结论,如果读者发来了申请单,首先要看其申请文献属于哪类学科,如果是工科的,那么还是通过清华大学馆际互借系统传递比较快,因为其工科文献比较全面,清华大学图书馆订购了包括Elsevier等国外大型出版集团的数据库。如果申请的文献是文科的,则通过北京大学图书馆传递应该比较适合。因此,在服务中应注意要根据文献的学科类别选择传递来源,这样可以争取以最快的速度把文献传递给读者。

由此可见,为提高网上参考服务的质量,做到快捷、准确、全面地为读者提供参考资料,选择恰当的资源入口非常重要。

第四节 情报研究服务

情报研究服务是图书馆对文献信息进行分析与综合的一种服务,是通过对某一时期或某一领域的文献信息进行分析与归纳,然后以研究报告的形式提供给用户的服务。其功能在于通过对大量文献进行分析研究和综合,为读者提供浓缩的、系统化的情报资料,为预测研究和决策研究提供参考。

情报研究服务主要有定题服务、专题剪报服务、专题数据库建设等多种形式。

一、定题服务

定题服务是图书情报部门根据用户研究课题所需,选择重点研究课题或关键问题为目标,确定服务主题,通过对情报(信息)的收集、筛选、整理,以定期或不定期的方式提供给用户,直到读者完成课题的一种连续性文献信息服务。定题服务具有主动性、针对性和连续性的特点。

图书馆在开展定题服务中应遵循以下原则:

1. 主动性原则

即必须了解国内外科技发展战略和研究开发的动态与趋势,从文献研究的角度了解国际科技的发展热点、态势和科研进展情况,主动搜集有关文献并积累相关知识,选择具有前瞻性、针对性,并与国际接轨的服务课题,主动出击,寻找信息需求用户,努力将潜在用户转化为现实用户。

2. 用户原则

用户原则是指针对不同的对象,在充分了解用户信息需求的基础上,为其提供满意的服务。但在实际工作中,用户往往只在时间、空间和内容上提出一个笼统的信息要求,对深层次的信息需求缺乏充分的表达和设想。因此,只有与用户进行反复交流,才有可能提供令用户满意的服务。在实际操作中,馆员在利用检索系统与用户进行交流中运用其智能推理机制与知识库,不但要理解用户表达出的显性信息需求,而且要为用户提供有参考价值的检索方案,使用户获得更有价值的信息。

3.信息搜集原则

(1)准确性。

搜集准确的信息是提供定题服务的关键。当代科学技术的高速发展导致科学研究一方面越来越专业化,另一方面学科之间相互渗透交叉,这种跨学科的发展趋势,势必引起科研人员和管理人员知识结构的改变,使之对相关学科信息产生需求,进而扩大所需信息的学科范围。在信息搜集过程中,既要从整体上把握学科发展脉络,又要密切注意其新兴的分支领域的发展动向,以保证信息搜集的准确性和超前性。

(2)及时性。

定题服务的一个重要目的就是能够快速地为用户提供最新、最准确的信息服务,这就要求数字图书馆系统能够及时搜集到以各种形式存在的最新信息。

(3)全面性。

在信息搜集过程中,不仅要搜集本馆所藏信息资源,还要检索各种网络数据库,或通过资源共享检索其他图书馆中的信息资源,因为丰富的资源是开展定题服务的基础。

二、专题剪报服务

剪报是图书馆传统的服务项目之一。剪报能把散见于上千种报纸上的信息分类选辑浓缩,集中于一处,然后专业对口地向社会发布。经过专门加工的剪报是综合性、专题性都很强的信息源,能不同程度地满足各个领域的人们对不同信息的需求。最早的剪报工作是图书馆工作人员从各种报刊上选取有关资料,直接剪贴在白纸上,然后加以公布或进行印刷。读者通常要到图书馆的公告栏处才能看到剪报;此外印刷质量粗劣,读者阅读起来也不方便,而且这种形式的剪报篇幅有限,信息量小,图书馆工作人员在粘贴上花费的时间较多,工作效率低下。网络时代的到来给我国图书馆的剪报服务带来了生机,一些图书馆开始借助计算机或扫描仪,为读者提供电子剪报服务。目前,电子剪报主要有三种形式:一是 HTML 形式,这是一种网页形式;二是 PDF 形式,这是一种图像形式;三是全文数据库形式。一般而言,各个图书馆都是根据本馆的馆藏资源特点和用户群体的需求来选择剪报主题和内容。

第五节　用户教育服务

图书馆作为重要的文化科学教育机构,是社会公众进行终身学习和教育的重要场所。这种教育是通过社会公众阅读的方式来传递科学文化知识的社会活动,是社会公众自由地利用图书馆学习知识和更新知识的活动,是任何学校教育都无法比拟的。随着时代的发展,图书馆开始大量应用计算机技术、网络技术,使读者利用图书馆的难度加大。据统计,有人曾对20个省市17个专业系统的44个单位的科技人员利用图书馆文献情况进行调查,发现查找所需文献只需花较少时间的人为百分之二十五,获得关键文献比较困难和非常困难的占百分之八十三,感到不困难的仅占百分之十四,无法获得的有百分之三;百分之三十六的人能够查到相当数量的所需文献来源,百分之六十二的人只能查到少数。这些调查结果说明我国图书馆用户利用图书馆的能力尚较低。与此同时,网络信息的利用对读者素质也提出了更高的要求,没有较高的文化水平,不熟悉网络图书馆的内部结构,不具备一些基本的计算机知识和文献信息检索方法的读者是无法从网上获取信息的。因此,在传统图书馆向数字图书馆转化的过程中,大力开展用户教育,培养用户综合利用信息的能力尤为重要。

一、用户教育的内容

用户教育,主要是指图书情报部门为读者熟悉与利用图书馆、向读者普及信息检索知识等提供的辅导和培训活动。其目的是培养读者的信息意识和获取信息的能力,使他们能够独立、及时、准确地查找到所需要的文献信息。用户教育的内容主要包括:

1. 如何有效地利用图书馆

主要是通过图书馆基本知识的教育,使读者知道图书馆,了解图书馆文献的布局、规章制度,了解图书馆的服务内容与形式,了解业务流程。具体包括三部分内容:

(1)图书馆概况的介绍。

如图书馆的历史与现状、图书馆的开馆时间、图书馆馆内布局、图书馆的各种规章制度、图书馆各部门的业务范围和流程等。

(2)介绍图书馆馆藏信息资源及其使用等。

(3)介绍图书馆服务的内容与形式。

其目的是使用户对图书馆有一个基本认识,能够有效利用图书馆。

2.计算机基础知识的培训

现代信息技术的飞速发展,给图书馆带来了全新的网络环境。在网络环境下,图书馆的服务内容与服务方式发生了深刻变化。网络改变了人们的生活和信息存取的方式。网络信息的利用要求用户掌握一定的计算机基础知识。因此,必须加强对用户的计算机基础知识和技能训练,以提高用户获取所需信息的能力。例如,上海交通大学图书馆针对初学者制定出每周三下午以三个小时为一期的用户教育课,以基础理论为主,从最简单的计算机桌面讲起,介绍多媒体光盘、网络服务基本知识,以及如何利用WWW、如何利用Homepage、如何利用搜索引擎、如何收发E-mail、如何利用FTP等,这些对指导初涉网络者学习检索方法等起到了很好的作用。

3.网络基础知识的培训

网络环境将一个分布式的信息交流体系、广袤的信息资源和众多的技术手段灵活地带到用户面前,光盘版、网络版等多种载体、格式的信息数据库等资源在网上频繁出现,增加了用户获取信息的难度。这就要求读者掌握检索和利用各学科网络信息资源的能力,要求读者熟悉常用的搜索引擎、检索网站、网址等内容,以在利用网络资源过程中达到事半功倍的效果。因此,一般的互联网基础知识也是需要传授给读者的。例如,某图书馆参考咨询部制定了用户专题教育计划,定期或不定期地推出各种系列、专题的用户培训。由图书馆咨询馆员主讲,或邀请国内外专家演习示范。短则一小时,长则一两天,及时把各种新出现的文献数据库、检索系统,以及最新的检索手段等,准确地传授给用户,受到了图书馆读者的欢迎。

4. 介绍查找信息资源的途径

数字图书馆的发展,扩展了图书馆的职能。尽管如此,为读者提供文献信息仍然是图书馆的核心职能。网络环境下的图书馆的数字文献信息来源广、出版商众多,图书馆拥有的数字信息资源更加丰富,检索途径也越来越多,当用户检索一个专题的信息时,可能会碰到几种检索软件或几个数据库。因此,也要对用户进行相关检索基础知识和使用技巧的培训,使他们能根据自己的需要迅速获得自己所需要的信息。这是图书馆发挥教育职能的重要内容之一,也是图书馆工作人员应尽的义务和责任。

二、开展用户教育的形式

图书馆开展用户教育的形式是多种多样的,主要形式如下:

1. 当面辅导培训

这是指图书馆工作人员在接受用户提出的询问时,结合当时情况,当面给用户讲解有关的知识和使用方法、技巧,让用户在得到服务和信息的同时也掌握一定的使用方法。这种结合实际的用户培训方法简单易行,行之有效。它既不需要专门的培训组织,又不需要很多的培训人员和设施;它既可以个别辅导,又可以集体辅导;既是对当前情况的辅导,解决当前问题,又是对将来的指导,可让用户避免将来遇到同样的问题。当然,这种方法对图书馆工作人员的责任心、业务素质、职业道德等方面有很高的要求。

2. 书面辅导培训

这种方法是指有关部门把事先准备好的书面材料(教材、使用说明、服务简章、用户手册或其他辅助材料)分发给用户,用户通过自学得以对图书馆有了全面了解。这种方法对有一定自学能力、具有一定的信息活动体验的现实用户是有效的。

3. 办班集中培训

这是根据用户的不同类型,分别举办专门的短期学习班、讲习班、研讨班、训练班、强化班等各种形式的培训班,让用户在短时间内掌握图书馆的使用方法,从而提高利用图书馆的效率的形式。这是用户培训活动中常常使用的方法,这种方法的主要优点是能够在短期内有效地培训更多的用户。

4. 用户交流培训

与前几种方法不同,这种方法的培训者和培训对象都是用户,即通过用户间的交流,相互学习、相互帮助,达到对数字图书馆的全面认识。像组织用户经验交流会和报告会、用户协会、用户联谊会、有奖竞赛等,都可以成为用户交流培训的具体形式。这种方法的优点是培训形式灵活多样,往往会收到意想不到的效果。

5. 举办专题讲座培训

举办专题讲座的目的是将图书馆的馆藏资源信息通过详细的讲解展示给读者,讲座的内容丰富而灵活,读者可根据不同学习阶段的需求,不同程度地接受信息素质教育,以弥补教学计划的不足。专题讲座的老师可以由本馆馆员担任,也可以邀请知名数据库、数字图书馆的工作人员担任,比如,让万方数据库、超星图书、中国知网等数据库的工作人员来图书馆搞专题讲座,由于专业具体,会受到用户的欢迎。高校图书馆的讲座内容应当围绕馆藏资源与服务指南、电子资源的检索与利用、常用软件使用方法等内容展开。北京大学图书馆举办的一小时专题讲座则颇具特色。该馆最初以电子资源的检索与利用为主,开设15个专题讲座,后来又增加了"工具书系列"和"常见应用软件使用"专题讲座内容,从而提高了用户利用资源的准确率和效率。

6. 参观培训法

参观培训法是指有关机构根据用户培训的教学要求组织用户到图书馆的现场,观察图书馆内部结构和运行机制,以获取相关知识的一种方法。该方法的优点在于:

首先,能提高知识信息的传递速度。多项研究表明,看与听相比,看通常可多记住一倍以上的内容。在视觉信息传递中,看实物比看图像要快三至四倍。通过实地参观,能获得正确、鲜明、切实的感性知识。

其次,用户可以了解到最新的进展情况。现场参观比使用教材更能够紧跟图书馆发展动态,它可以避免教材的滞后性。

7. 在线教育培训法

随着网络技术的广泛应用,使用网络进行用户教育成为可能。在线教育内容包括传授文献信息知识、提供虚拟检索、设立帮助系统和疑难解答。同时具有网上交流及查询功能,用户通过在线自学,就可实现对信息的方便查询。

总之,随着网络图书馆构建的日臻完善,一个开放的、动态的学习环境正在形成,它为图书馆开展用户教育提供了广阔的施展空间,图书馆在延续其传统的教育方式和使命之外,更应该利用这一机遇积极地营造新的教育环境,对用户进行信息素质和技能方面的培训教育,让他们知道信息是如何组织的,如何寻找信息,以及如何利用信息,为终身学习做好准备。这正是信息时代赋予图书馆的工作职责。

第六节 咨询接谈

咨询接谈就是咨询馆员在向用户提供信息服务的过程中,通过语言的、非语言的交流发现和确定用户想要什么帮助、用户真正的咨询问题是什么,以及用户需要什么样的信息等的过程。咨询接谈是信息咨询服务中的关键环节,其基本目的就是要弄清楚用户真正的信息需求,帮助用户明确其咨询问题,以更好地开展图书馆信息服务。

一、开展咨询接谈的重要性与必要性

在信息咨询工作中,用户有时候并不能清楚地表达他们真正的信息需求,或对图书馆的某些误解也会导致他们不能充分表述咨询问题。一般情况下,如果咨询馆员只是按照用户所问的问题作简单的回答而没有深入钻研下去的话,可能会满足不了用户真正的信息需要。因此做好咨询接谈非常重要和非常必要。

1. 用户的初次提问有时并非真正的咨询问题

用户的第一个问题往往只是打开交谈的一个方式,只是想向咨询馆员问好,让馆员知道他们需要帮助,并且根据咨询馆员

的反应来判断他是否是一个易接近的、可以提供帮助的人。用户的第一个问题常常是"您能帮助我吗"、"能问您一个问题吗"等一些并不具有实际咨询意义的问题,这时候用户其实只是想以此引起工作人员的注意。当然有时候用户的第一个问题听起来像是真正的提问,但深入交流下去之后,发现用户要问的往往也不是当初的问题。因此在咨询接谈开始时,咨询馆员应有意识地以一种谦逊而令人愉快的态度,让用户感觉到工作人员真的是在听他们说话和表述信息需求,并且乐于帮助他们。

2. 用户有时很难用一种咨询馆员所习惯的表达方式提问

有的用户很可能不明白图书馆的工作是如何组织的,也不明白各类信息资源是如何排列的,因此常常问一些一般性或涉及面很大的问题,而他们实际所需要的只是其中的某一部分,以至馆员很难准确地解答;另外,有些用户会按自己的思维去设想图书馆的组织原理,比如他们会认为关于一个主题的所有信息资源会集中在同一个地方,而实际上却不可能是这样的,尤其在信息载体不断推陈出新、学科高度分化、交叉学科不断出现的今天更是如此。比如关于某省、某市的信息可能分布在年鉴、百科全书里,或在旅游书籍、地理类图书中,也可能在历史著作中。因此为了更好地解答用户的提问,咨询馆员需要知道更多的信息,这就要求通过双方深入细致的交流来明确用户的信息需求。

3. 有些用户常常问一些很宽泛的问题

比如,用户会询问:"您有关于棒球的书吗?"而他们此时真正想知道的却是谁赢得了1978年世界职业棒球大赛的冠军,这个信息在年鉴里很容易就能找到。如果只按照用户所要求的那样,向他们提供几本书或相关的数据库,而没有咨询接谈的话,出现的结果很可能就会与用户的良好愿望相反,并导致事倍功半,即用户会因查不到所需信息而再次求助于咨询馆员,实际上反而增大了其工作量。

4. 特殊的用户有特殊的信息需求

图书馆应尽力为每一位用户提供个性化、人性化的服务。通过咨询接谈了解不同用户的特殊需要,而不能用统一的模式去解答不同类型的咨询。比如有些用户可能只有有限的教育背景,或有语言障碍或其他某种缺陷使他们很难清晰地表达其咨询的问题。比如对于少儿读者而言,他们也有真正的信息需求,只是常常不知道如何表述,因此必须通过交流来了解他们的真正意图。因此,咨询馆员应尽力帮助每位用户,并且要特别注意咨询接谈的方式与技巧。

5. 用户的期望有时会过高或过低

有些用户在到图书馆进行咨询的时候常常会遭遇失败,因为他不明白在图书馆能获得哪些服务,或者担心问问题会让他们很丢面子。因此,用户对图书馆的期望有时低到令人尴尬的程度,也许根本就不会提问,总是设法自己解决;还有一些用户的期望值却很高,高得不切实际,他们会以为咨询馆员能快速而准确地回答任何问题,而且任何问题都能方便而快速地通过数据库、搜索引擎或其他网络检索工具等获得答案。这些情况也需要通过咨询接谈来加以协调,将用户的信息需求和心理期望定位在一个合适的位置,以便能获得满意的服务。

6. 用户有时会出现无知或担心

在某些情况下,用户其实真不知道他们想要什么或需要什么,只知道图书馆是一个能够提供信息和帮助的地方,因而只带着一个模糊的目标来图书馆,问的问题也常常不着边际。在这种情况下咨询接谈就显得尤为重要,因为不通过交谈而只按照用户的模糊提问来解答,这样提供的信息很可能会和用户真正的需求大相径庭甚至背道而驰。还有一些用户知道他们想要什么,但却因为种种顾虑或原因不想直接问这个主题,而用一般性的问题或其他提问方式来掩饰真正的问题——因为他们对要问的问题有一些担心,特别是当这个问题有争议或是比较敏感之时。因此不能只按用户的初次提问来解答,否则很可能会和用户真正的需求相去甚远。

7. 咨询结束时同样需要咨询接谈

在帮助了用户之后,虽然自己可能感觉已经完成了咨询问题,但向用户再核对一下是必不可少的——别忘了再问用户一声:"这些足够解答您的问题吗?""这些就是您想要的吗?"因为有时会发现所提供的信息并不能解决问题;或所提供的信息能解答他们的问题,但他们真正想要的却不是这样的;或能解答,但又会引出新的问题。特别是如果答案是从另一个图书馆或上级馆获取的话,那咨询结束时的接谈工作就显得尤为重要。

二、通过咨询接谈明确用户的信息需求

用户来到图书馆,是为了寻找所需信息,在这之前,他们一定已对某项工程、某些工作或要问的问题有了一连串的思路。但在信息咨询的过程中,当咨询馆员的解释或所提供的答案不能满足其需要的时候,用户往往会修改他们的问题,咨询馆员会发现最后回答的问题常常不同于用户的首次提问。因此在提供帮助之前,咨询馆员必须要通过参考接谈获取尽量多的信息,以便弄清楚用户到底需要什么。对于用户来说,他们需要图书馆

的帮助,但常常又不能清楚明确地表达出他们真正的需要,这也许是咨询馆员最难做的工作之一,同时也是最重要的工作之一。那么用户真正要问的问题是什么呢?在咨询接谈中应注意获取以下信息以便明确用户真正的信息需求:

1. 咨询什么问题

用户常常会问一些很宽泛的问题,因此需要在接谈中逐渐缩小问题的范围。比如说他们要有关动物的图书,这就需要明确,他们需要有关动物哪方面的信息,是想了解动物的种类分布情况还是想知道动物的生活习性。尽量问一些容易引起讨论的问题,这些问题不是用"是"或"否"就能回答的,而是能引起双方的交流和讨论,其目的就是要用户用他们自己的话来逐渐明确地表达他们的问题,直到双方最后达成对问题的统一认识。

2. 用户为什么需要该信息

问清楚用户的咨询目的以及如何使用所提供的信息也很重要,因为这关系应向用户提供什么类型及什么层次的信息,从而为用户提供有针对性的主动服务。比如解答关于某一主题的咨询问题时,就需要咨询馆员事先弄清楚用户需要该信息是为了写论文、做演讲还是旅游,而为写论文和为旅游所准备的信息是完全不同的。

3. 用户是做什么工作的

通过了解此情况可以确定应向用户提供什么水平或层次的信息,比如为一个资深医生提供的信息的深度显然要高于为一个医学本科生做作业所提供的信息深度。不过需要注意的是千万不要凭自己的印象去判断用户的身份。举例来说,一个妇女需要汽车维修方面的信息,但你不能主观断定她需要的只是一些非常简单的知识,因为她也许是这方面的专家。

4.用户所需信息的类型和数量

对特定用户来说,特定类型的信息才会有用。或许需要的是某个语种的信息,或者需要水平较低的阅读资料,而如果这个人是一个专家,则会需要一些比较专深的信息。因此要弄清楚用户需要的是印刷型资料还是只需要一份电子版的短篇文章就够了,还是与之相关联的信息都需要。

5.什么时候需要

如果用户只回答说"尽快要",这对咨询馆员来说是不够的,但往往很多人都这样回答,因此最好的方法是直接让用户指明最后期限。明确最后期限对问题能否得到及时解答非常重要,尤其是当咨询馆员当场解决不了,甚至要寻求其他图书馆或上级机构帮助的时候,就必须要知道最后期限,以便在用户限定的时间内给予尽快解答。

6.用户已掌握哪些信息

如果用户在寻求帮助之前自行检索过,而咨询馆员又掌握了他们检索状况的话,就会大大节约时间、提高效率。因为这些信息能给咨询馆员的解答提供一些相关线索,同时也可避免向用户重复提供他们已掌握的信息。但必须指出的是,在利用图书馆的工具进行检索和查找方面,咨询馆员比用户更熟练、更全面,因此应该在必要的时候适当地了解用户的检索情况并提供相应指导。

7.已有信息在哪里检索到的

此信息也非常重要,因为有可能关系用户所提问题能否得到有效回应。比如当用户需要一本书或一篇文章,但只能通过馆际互借或文献传递方式才能解决时,就需要用户给出相应的线索或完整的引文。因为如果没有证实资料来源,一些图书馆是不会接受馆际互借请求的。

三、咨询接谈障碍

咨询接谈作为人与人之间直接互动的交流过程,双方的一言一行、举手投足都与咨询交谈成败密切联系。而不容忽视的是,在咨询接谈过程中,若有不良或消极心理因素,则会导致接谈活动难以顺利进行甚至失败。所以应当尽量避免以下负面心理因素的干扰:

1. 用户的"刻板成见"

美国政治学者 UalteLippmann 在其《舆论》一书中提出"刻板成见"的观点,它指的是对某一类人或事物产生的比较固定的看法,由此容易形成一种先入为主的印象,阻碍人与人之间的相互认知。在咨询接谈中,用户可能因为对咨询馆员产生不良印象而导致心理惰性,形成某些成见或偏见,将咨询馆员定型化甚至在潜意识中通过这种定型将某些品质归于咨询馆员。比如当用户在咨询台提出问题后,咨询馆员若是神情冷淡或将嘴角一撇(可能他本身是无意的),这时用户也许会认为他对自己提出的问题不屑一顾,心理障碍由此形成,随之将产生不满情绪,影响交流的继续进行。更严重的是,在以后的咨询活动中,该用户很可能将已经形成的印象固定化,势必将妨碍他对咨询馆员性格特点和职业素养的真正认知,因而作出错误的判断。所以作为一名优秀的咨询馆员,应当注意用户的心理状态,力求避免用户"刻板成见"的产生并消除已形成的成见带来的不良影响。

2. 馆员的"意志疲竭"

意志是指人们自觉调节行动以克服困难、达到预期目标的一种心理。而"意志疲竭"(BurnOut)是心理学上的一种典型现象,在咨询接谈中表现为咨询馆员情绪不稳定、行为倦怠、缺乏耐心等。咨询馆员长期从事固定且重复度较高的工作,烦躁不安、厌倦懈怠的情绪极易产生,此时意志已逐步丧失对行为的控制,从而导致咨询接谈的失败。但心理学同时认为,这种意志的波动是暂时的、正常的,只要咨询馆员针对"意志疲竭"产生的动因加以适时调节,这种消极状态的产生是可以避免的。

3. 双方的心理障碍

国外有关咨询接谈的调查研究一再表明,用户在图书馆里会感到不安。而图书馆员一般难以体会读者的这种心情,特别是很少亲自去到生疏的图书馆的话,他们也不会充分察觉咨询者陷入脆弱的心理状态。用户的心理障碍通常表现为害羞、顾虑、自卑等,导致其在咨询过程中不能有效地提出问题。一方面他们内心具有羞怯心理,使其不能成功地将潜在的信息需求转化为显性的信息行为,无法清晰流畅地表述出想咨询的问题;另一方面,在清楚自己信息需求的情况下,他们也不愿意暴露自己某方面的欠缺甚至无知,或是不确信咨询馆员能为他们提供有效帮助,因此对提出的问题含糊其辞甚至干脆缄口不语。不光是用户,咨询馆员本身也可能存在一定程度的心理障碍,可能对自身专业知识、业务技能的不足感到自卑,可能认为职业地位不高而困惑、迷惘,诸如此类的心理劣势都将影响咨询接谈的正常进行。尽管咨询双方的心理障碍都难以避免,咨询馆员仍应当

通过自身健康、自然的言行举止和亲和力来逐步消除由此产生的负面影响

四、国外对咨询接谈的若干研究

在参考咨询工作的发展历程中,国外对咨询接谈的研究从未间断过。美国图书馆学会的参考与用户服务委员会对参考和信息服务人员的服务绩效就作出如下规定:①易接近度。随时准备为用户提供服务,笑迎用户并采取开放式提问。②显示兴趣。在接谈中不要表现出急躁情绪,对用户给予关注。③倾听或提问。采取一种积极而令人愉悦的态度对模棱两可的问题予以确认并力避过多专业术语等。④透明度。与用户一起讨论检索策略,鼓励用户表达出自己的观点等。⑤后续工作。询问用户其问题是否获得完整的回答,鼓励用户再次回到咨询台等。

此外,有研究者在谈到接谈目标时提及三大基本目标:①获取用户的信任;②对用户所提问题有明确认识以求尽可能完整回答;③确信用户对所提供的答案是满意的。同时,认为咨询接谈应包括如下步骤:①接谈开始;②讨论问题;③查找信息;④将信息传递给用户;⑤接谈结束。值得一提的是,他们还认为成功的咨询接谈不仅依赖于咨询馆员的观念、学识和技能以及用户自身掌握所需信息的能力,而且有赖于接谈所处的实体和社会环境。在非常重视人性化、个性化服务的国家,还就特殊条件下的咨询接谈进行了详细研究,如具体针对儿童、年轻人、残疾人的研究,以及对读者指导接谈、远距离接谈(包括电话、E-mail等)、如何面对生气或不安的用户等的研究。总之,这一系列相关研究都在不同时期推动和指导了咨询接谈的不断发展。

第六章　参考咨询业务质量管理

第一节　参考咨询与质量管理

一、质量管理概述

1.质量管理

质量管理(quality management)是指确定质量方针、目标和职责,并通过质量体系中的质量策划、质量控制、质量保证和质量改进实现所有管理职能的全部活动。

日本质量管理大师石川馨认为,质量管理就是开发、设计、生产、提供最经济、最有用、买方满意购买的优质产品。

著名的质量管理专家戴明博士认为,质量管理就是最经济的生产出具有使用价值与商品性的产品,并在生产的各个阶段应用统计学的原理与方法。

全面质量管理的创始人菲根堡姆认为,质量管理就是为了在最经济的水平上生产出充分满足顾客质量要求的产品,而综合协调企业各部门活动,构成保证与改善质量的有效体系。

而现代质量管理的领军人物朱兰博士将质量管理划分为三个普遍的过程,即质量策划、质量控制和质量改进,称为朱兰质量管理三部曲。

质量管理学是一门研究和揭示质量产生、形成和实现过程的客观规律的科学,它是以质量为研究对象的。如前所述,这一"质量"已经突破了单纯的产品质量的范畴,而泛化至服务、生活、经济运行诸多方面,发展为大质量的概念。但本书在阐述质量管理一般原理时,还是以产品或服务为主要探讨内容。

质量管理和诸多学科关系密切,主要涉及经济学、管理学,特别是企业管理学等学科;同时它又和数学,特别是数理统计学密不可分。因此,质量管理是一门综合性学科。人们不能离开具体的产品、实物的生产和制造来探讨质量管理。因此,质量管理又是管理和技术的结合体。只有把管理和技术融会贯通、密切结合、相互渗透,才能真正揭示质量管理的深刻内涵和规律,才能把质量管理作为一门应用科学,真正把理论用于实际来分析实际问题、提出解决方案。

质量管理的内容涉及两个方面。一方面是在微观层面上探讨质量管理。即主要针对产品和服务、针对企业、针对企业各部门,以提高产品和服务质量为目的,介绍企业质量管理体系的构建和完善;介绍产品质量产生、形成和实现的具体运行过程;介绍企业各职能部门在质量形成及实现过程中的质量职能及运作机制;介绍各种质量管理原理和方法,特别是统计质量管理方法在质量控制和质量改进中的具体应用。另一方面是在宏观的层面上探讨企业的外部环境。主要是国民经济和社会整体对企业产品质量及工作质量的影响,讨论经济的、行政的、法律的以及舆论的手段对企业产品质量可以施予、应该施予的影响及其实际运作措施等等。本书涉及第一方面的内容,具体介绍的内容为质量管理体系 ISO9000 族标准、质量审核与质量认证、质量改进等方面内容。

2. 质量管理体系

质量管理体系:"在质量方面指挥和控制组织的管理体系。"体系、管理体系和质量管理体系处在三个不同的层次上,它们之间互有联系。体系指的是"相互关联或相互作用的一组要素",其中的要素是指构成体系或系统的基本单元(在 ISO9000 族标准中可理解为过程)。管理体系是指"建立方针和目标并实现这些目标的相互关联或相互作用的一组要素"。管理体系的建立首先应建立相应的方针和目标,然后为实现该方针和目标设计一组相互关联或相互作用的要素(基本单元)。一个组织的管理体系可包括若干个不同的管理体系,如质量管理体系、财务管理体系、环境管理体系。质量管理体系是组织的若干个管理体系中的一个。

对质量管理体系而言,首先要建立质量方针和质量目标,然后为实现这些质量目标确定相关的过程、活动和资源,以建立一个管理体系,并对该管理体系进行管理。质量管理体系主要在质量方面能帮助组织提供持续满足需要的产品,增进顾客和其他相关方的满意度。质量管理体系的建立要注意与其他管理体系相整合,以方便组织的整体管理。

3. 质量改进

质量改进:"质量管理的一部分,致力于增强满足质量要求的能力。"质量改进是组织在质量方面指挥和控制组织的一项活动,是质量管理的一部分,质量改进与质量管理构成从属关系。

质量改进的目的在于增强组织满足质量要求的能力,由于要求可以是任何方面的,因此,质量改进的对象会涉及质量管理体系、过程和产品。质量改进与组织质量管理体系覆盖组织范围内的所有产品、部门、场所、活动和人员,它们之间均有关系。

组织及其相关方都会对组织的质量管理体系、过程和产品提出各种不同的要求,例如有效性、效率、可追溯性、安全性、先进性、协调性、稳定性、可靠性、准时性、适宜性和充分性等。组织应能识别需改进的关键质量要求,考虑改进所需过程,以增强能力。

改进本身是一项活动,也可以理解为一个过程,因此,对改进过程也应按过程方法进行管理。在分析现状的基础上,确定改进的目标;针对目标,寻找并选择合适的解决方案;实施并评价其结果,以确保目标的实现。

二、参考咨询工作引入质量管理的必要性

1. 有利于在质量管理中贯彻"预防为主"的管理理念

长期以来,人们对服务质量方面出现的问题,往往采取事后监督、检查和处理的办法,服务质量管理工作始终处于一种被动的状态。而质量管理则是一套管理法规,具有科学、严格和系统性的特点。对事件、对人员均严格要求按规范操作。它把程序的建立、实行、检查、监督、记录、问题的预防、纠正、协调、反馈和体系的完善、提高等一整套要素有机地结合起来,使服务质量检查监督体系由分散、被动型向程序化、制度化的预见性方式转变,从而保证最终向用户提供标准化的服务,使用户满意或者超出用户的需求预期。通过推行和实施ISO标准质量管理体系,

管理者对于质量管理中出现的问题能够做到主动识别,预防为主,最大程度地使用户满意,实现持续的质量改进。

2.增强参考咨询服务的核心竞争能力,提高服务质量

随着科技的进步和社会的发展,图书馆等公益性领域将和其他领域一样,逐步融入经济全球化的循环体系,图书馆的各项服务面临新的机遇与挑战。在新环境下,参考咨询服务的生存和发展取决于它为用户提供的信息产品和服务的质量。按照ISO标准要求建立起来的质量管理体系,能有效地将用户需求转化为质量要求,确保影响信息产品和服务质量的因素始终处于受控状态,向用户传递高质量的信息产品和服务,从而满足用户的需求和期望。ISO质量标准的宗旨是:"满足顾客的要求"和"以顾客为关注焦点"。这与参考咨询服务工作的宗旨"服务至上,读者至上"的内涵是一致的。参考咨询工作通过推行质量管理体系认证,可以规范地、强制性地对质量管理的每一个环节、每一个流程都进行标准化管理,从而能最大程度满足不同层次读者的需求。同时,认证工作能不断增强全体工作人员的服务意识,改善服务态度和服务技能,提高参考咨询服务的服务质量和服务水平,打造出优质服务品牌,提高参考咨询服务的核心竞争能力。

3.有利于参考咨询服务的品牌建设

引入质量管理,参考咨询服务及其管理将迈出重要的一步。只有实施科学化和标准化的管理,才能确保参考咨询服务与管理的高质量,进而创立参考咨询服务品牌。建立与实施质量管理体系并通过标准化的管理证明参考咨询的服务质量可以让读者和相关方放心,让读者满意,不仅可以体现参考咨询的服务质量水平和信息产品的质量,而且可以让读者对图书馆的信赖度大大提高,并将逐步扩大忠实的读者群,打造出参考咨询服务品牌,塑造图书馆的良好社会形象,为图书馆的发展建设奠定基础。

4.有利于图书馆的整体可持续发展

ISO质量管理体系重视图书馆的整体可持续发展,认为"最好"只是一时的标志,"更好"才是永恒的追求。推行图书馆质量管理体系认证的目的在于改善图书馆的办馆质量,而不在于使一所图书馆尽善尽美。反映在认证方法上,ISO9000主要是对图书馆质量管理体系的建立和实施进行判断,这种判断,并不是用通常的做法,即按评估机构预先确定的固定标准来衡量图书馆,而是由图书馆自己制定质量方针和质量要求,以此作为判断标准。在此制度下,图书馆一旦实施质量管理体系,就必须不断努力,永无止境,确保今天比昨天更好,明天比今天更好,这种理念和做法有利于全面促进图书馆的可持续发展。服务质量是图书馆赖以生存的资本,也是图书馆优化管理的动因所在。

第二节 参考咨询质量管理建设

一、构建参考咨询质量管理体系的基本原则

1.读者满意原则

参考咨询的服务对象是所有的读者。在参考咨询的所有工

作中,应该充分利用现有的信息资源,采取多种措施,开展符合读者需求和期望的工作。

2.读者评价结果原则

读者评估和评价是对参考咨询质量进行评估的一个重要工具,读者的评价是促进参考咨询事业发展的重要因素。在我们的读者中,每个人都可以对参考咨询工作作出客观的评价,而客观科学的评价为参考咨询工作的持续改进和发展可以提供科学而客观的决策依据。参考咨询建立的以读者满意为中心评价结果的具体内容,包括参考咨询信息资源建设、重大问题的决策、管理制度的制订和对参考咨询员的评价等。

3.持续改进原则

由于社会的进步和科学技术的发展,读者的信息需求和期望不断变化,出现了多元化和多层次的趋势。参考咨询服务应该适应读者信息需求和期望的变化,适应社会发展和技术进步的变化,对参考咨询的质量管理体系进行不断更新和持续改善。

4.过程概念原则

用标准过程控制质量管理体系建设。全面质量管理体系应制订规范化的管理制度,对每项工作和每个岗位及其职责、每个环节做出标准化的规定,使参考咨询工作改变过去的随意性,变得有章可循,使参考咨询全部工作流程和环节都在规范化的质量管理体系的控制之下,从而保证整个管理体系的正常运转。

二、参考咨询全面质量管理体系构建的基本步骤

1. 规范工作程序

实施规范工作程序才能明确所有岗位的工作流程与工作方法,制定出工作手册和工作程序,无论是普通员工还是领导层的变动,都不能改变工作的连续性和一致性。它为进行某项活动提供了方法,通过程序文件的方法可以明确所有的工作宗旨,规定工作程序、工作步骤和执行的逻辑顺序,列出特别注意的问题,澄清与工作有关的责任。工作程序和工作手册要对工作步骤、注意事项、工作责任和工作宗旨等问题进行明确规定。

2. 明确馆员职责

参考咨询工作的宗旨是"读者第一,服务至上",这是参考咨询一切工作的出发点,这就要求参考咨询服务要最大限度地满足读者的文献信息需求与期望,为读者提供最适用和最好的服务。这就要求参考咨询服务在质量管理中执行责任制度,要求馆员认真履行,并充分考虑岗位的职能和服务要素。为了满足这一要求,对每个职位都要编制工作说明书,明确岗位名称、岗位职责和工作流程等。

3. 建立详尽记录

建立全面详尽的质量管理记录,可以为全面质量管理体系的改进提供科学的依据。质量管理记录要对与质量有关的工作进行详细的记录,并且规范记录的收集、分类、统计和归档,明确界定什么样的信息应传递给上级。

4.实行规范考核

规范化的考核是科学评价每一位馆员的重要手段,是规范参考咨询馆员利益的激励行为。现在有许多图书馆对馆员的评估细致到每一天,是要在客观、正确地制定馆员标准评价的基础上,在图书馆年度评估时作出公正的评价。例如,安徽省图书馆运用这个评价体系,制定了科学的评价体系,通过该评价体系,年终评估纪录与通常的评估排序一目了然。

三、参考咨询质量管理体系构建的基本内容

作为被实践证明了的科学的管理方法,全面质量管理被引入我国图书馆事业建设,对于管理水平、服务水平和服务效率的提高具有重要的意义。构建图书馆参考咨询业务质量管理体系,要注重数据统计和分析,按全面质量管理的思想,建立全过程管理的质量保证机制。

随着科学技术和社会生产力的不断发展,社会各界越来越强调实施素质教育,强调人的能力的培养,对读者的要求不论高下,而是要求他们能够充分发挥自己的能力和特长,以适应目前的社会职位对工作业务能力越来越高的需求。要做到这一点,需要发挥参考咨询在知识形成中的重要作用,提高服务本身的水平和层次,以充分发挥信息服务在全民族思想道德和文化知识完善中的作用和意义。

1.制定服务质量方针和质量目标

图书馆是公益性的社会文化服务机构,它不以赢利为目的,实现社会效益是它的主要目的。我们要充分认识图书馆在为社

会进步和读者综合素质的提高过程中起到的积极作用,认识读者服务的重要作用及必要性和紧迫性,本着"读者第一"、"服务至上"的服务宗旨制定质量目标和政策,深刻理解和持续执行相关的提高服务质量的目标和方针。提高图书馆信息服务质量,发挥其在社会、学术、教育和服务等领域的功能。

2.设计质量体系结构及体系要素

提高参考咨询的信息服务质量是参考咨询工作构建全面质量管理体系的根本目的。一般不寻求第三方认证,全面质量管理体系由管理职责、人员和物质资源三个主要方面组成。其中,管理者的意识和决心,对于建立和保持质量体系的质量起着关键作用,质量体系的基础是物质和人力资源。读者始终参与到参考咨询的信息服务过程中,并对参考咨询的信息服务质量和过程进行评估,所以读者的需求是质量体系的要点。同时,全面质量管理体系要对参考咨询工作的全过程进行控制,充分发挥其事前预防的作用。质量管理体系的建立应主要集中在服务质量,确定系统的体系结构和内容,强调服务质量的几个主要过程控制的重点。

3.控制主要过程

根据需要制定质量手册和相应的程序文件体系是控制主要过程的重要手段。规定各项工作的职责、权限和相互关系,确定参考咨询服务质量的要素,这是质量手册制定的要点。为了使分工作明确,使每个参考咨询员都能够清楚地知道自己的工作责任和义务,就必须制定岗位规范,明确岗位标准和质量控制规范。为了质量体系的良性运转,对服务质量过程的重点和难点环节,也要制定相应的程序文件体系。

4.确定读者服务需要过程

首先,读者的需要是多元化和多层次的,因此,参考咨询既要满足不同读者因年龄、职业、生活习惯、兴趣爱好和教育程度不同而产生的不同需求,也要与参考咨询的性质相匹配。参考咨询的服务对象主要是教育水平较高的群体,因此参考咨询服务应收集各类信息,提供研究信息情报,开展阅读和读者指导等。其次,读者服务需求在不断变化发展。20世纪80年代以来,读者的文献信息需求发生了很多变化。在参考咨询服务中应重视读者调查,对读者的需求进行全方位和多层次的调研,从而了解读者在参考咨询信息服务中的需求与期望。要对调查结果进行数理统计与分析,调查结果可为确定读者服务需要提供科学的数据。

5.信息服务质量管理的内容

信息服务质量管理主要包括以下几个方面。

(1)提供核心服务。也即提供借阅、咨询和信息检索服务,以满足读者对知识和信息的需求,这是信息服务的核心。

(2)提供形式服务。用服务态度和服务能力来满足读者的一些心理或精神需求及愿望。

(3)增加服务手段。主要是为读者提供各种便利条件。完善的形式服务和附加服务应紧紧围绕核心服务进行。

(4)强化信息资源编目、加工和存储的标准化和规范化。信息资源的分类、编目和加工等工作,直接影响图书馆管理和服务质量的好坏,标准化和规范化有利于信息资源的共享。为了实现用户与系统以及系统之间的有效沟通,需要制定公认和统一的标准,并要求图书馆共同遵守,对数据格式、描述语言及标引语言等进行规范。中小型馆可通过文献传递、馆际互借和参与地区的联机合作编目等方式共享成员馆的信息资源。

三、参考咨询工作的质量管理记录

参考咨询工作的记录是对参考咨询工作的事实记载,这些记录是进行参考咨询服务的基础性数据统计的依据,也是进行图书馆评估和检查参考咨询服务是否达标的依据之一。总体而言,参考咨询工作记录一般有以下几种。

1. 参考咨询服务记录

主要包括书面记录和电话、来访的口头咨询记录。记录内容有咨询时间、咨询者或咨询单位、咨询问题、问题分派何人解答、咨询所采用的方法、咨询问题的解答情况和答复结果,尤其需要特别记录的是参考信息的来源,以便日后参考。

2. 读者信息记录

主要包括读者登记表或读者阅读记录单等工作记录。对于辅导读者利用工具书情况或在检索室中答复读者的咨询问题情况,也应当有所记录。这些数据可以作为咨询人员配置和改善服务方式的参考资料。

3. 咨询人员记录

即咨询人员的姓名、职务以及业务内容、工作时间和在服务台的时间的记录。除此之外,对于咨询人员参加研究活动、带职进修或培训、因公出差等情况也要有所记录。

4.设施与设备记录

主要包括设施和设备的使用情况、有效情况以及设备的维修等具体事项的记录。

5.联机检索服务记录

主要记录各个数据库的利用情况、读者反馈意见等,以便为今后采购参考信息源提供参考。

6.参考信息源的记录

主要是对参考信息源的购买和使用情况、损耗情况的记录,还要对图书馆各部门编制的本馆的二次文献和三次文献的情况予以记录,使得这些记录成为评价参考藏书情报源的有价值的资料。

7.数字参考咨询台的服务记录

主要是对咨询问题、咨询用户、咨询时间、答复情况、答复所用时间、系统运行情况、咨询人员等的记录,这些记录是对数字参考咨询服务进行评价的依据。

四、参考咨询服务质量管理内容的统计

图书馆统计是图书馆管理工作重要的组成部分,也是管理方法之一。参考咨询服务内容的统计作为整个图书馆各项工作的一个重要的反馈系统,它是用数字来反映参考咨询工作的实际情况,以便对图书馆参考咨询工作进行量化管理。做好图书馆参考咨询的统计工作,具有重大的实际意义:能够及时、准确

地反映咨询过程中的各种信息,了解服务对象所需图书资料的变化,了解目前科研趋向,能够反映出一个图书馆的服务水平,是综合测试图书馆工作质量的一个指标。同时,还能够为参考信息源的采购和馆际互借提供参考。在实际工作中,统计内容主要包括以下几个方面。

1. 咨询用户方面的统计

通常包括提问的人数、到馆利用参考工具书的阅览人数、各类咨询服务的人数的统计等。通过咨询工作记录可了解什么样的用户咨询了什么问题,找出提问者与咨询问题之间的属性关联。如大学图书馆就可以按学生和教职员工及所属院系来分开记录和统计。

2. 咨询内容分类统计

咨询问题通常是按内容来分类,如可以按《中图图书馆图书分类法》划分为社会问题、政治问题、经济问题、文学问题、历史问题等社科问题。按咨询问题分类可方便做数量的统计和分析,如对某年某月环境方面咨询问题的数量统计。

3. 咨询信息源使用方面的统计

咨询信息源大致可以分为馆内参考信息源和馆外参考信息源两种。对馆内参考信息源的使用情况,可按参考工具书、一般图书、连续出版物、各种文献资料及其他一些记录性信息源,以及图书馆职工及非记录性信息源等类分别进行统计;对馆外参考信息源可以按其他图书馆的所藏资料、网络信息源等记录性信息源,馆外专家及其他一些非记录性信息源等分别进行统计。

4.咨询问题回答方式方面的统计

咨询问题的回答方式一般可分为两种：一种是提供参考信息和参考信息源；另一种是告知信息源的使用方法和检索方法。此外，还有以委托制作二次文献来作为回答的方式的，以及一些本不属于参考咨询提问，但只要给予解答，就得以参考咨询回答的方式来记录。

5.咨询过程方面的统计

参考咨询的服务过程可以分为三个阶段，即最初阶段、回答过程和最终阶段。对它们的记录和统计可以按咨询的接受和回答方式来进行。咨询过程方面的记录，还需记上时间，从咨询开始到结束所需时间，可以按时间档次分段记录，如 10 分钟以内、20 分钟以内、30 分钟以内、1 小时以内及 1 小时以上等。但需要注意的是，时间档次不宜分得太细，因为时间档次过于细分对统计不一定有实际的用处。

6.咨询问题处理结果方面的统计

咨询问题处理可以根据咨询的难易程度分为导读咨询、简单咨询、检索咨询、调查咨询等。对导读咨询只需简单地记录解答问题的件数；而对其他咨询除了要记录件数之外，还需有选择地记录咨询的内容。在接受咨询问题后，经过处理会有种种结果，甚至会出现未解决的结果。因此，咨询结果还可以分成正在调查、正在委托、正在咨询等情况。

第三节 参考咨询质量管理体系文件范例

一、编写参考咨询质量管理体系文件的基本要求

1. 要体现特色

GB/T19000—ISO9000族标准描述了质量管理体系应包含的过程,但并没有描述某一具体组织如何实施这些过程。强制质量管理体系的统一,将各组织所实施的质量管理体系标准化不是这些标准的目的。这是因为各组织的需要不同。质量管理体系的设计和实施当然地必须受具体组织的目标、产品和过程及其具体实践的影响。因此,每一个质量管理体系都必须紧密结合本组织的实际,要有自己的特色。

2. 质量管理体系必须文件化到确保控制所需的程度

质量管理体系文件的性质和范围应当满足合同、法律、法规要求以及顾客和其他相关方的需求和期望,并要与组织相适应,确保质量管理的各过程得到有效控制。

3. 唯一的质量管理体系文件

在编写质量管理体系文件时要与以往的管理文件和技术文件很好地融合协调,成为统一的质量管理体系文件,防止出现

"两张皮"或两种文件并存的现象。每一项活动只能有唯一的程序,不能有多重的、相互不一致的各种办法、制度或程序。以往为强调专业对口管理而形成的多重管理要求,以及脱离实际的片面要求单项管理的"完整性"的做法,容易出现对同一管理活动有不同的相互矛盾的要求。这种状况在编写质量管理体系文件过程中应注意加以克服。

此外,一项规定只能有唯一的理解,不应有歧义。这就要求文件用语应明确、具体,尽可能定量化,而不要用抽象的、概念化的和不确定的语言来表达。

4.质量管理体系文件必须符合文件控制的要求

质量管理体系文件是指导质量活动的文件,质量活动要处于受控状态,则要求质量管理体系文件也必须处于受控状态。

(1)授权。有表明由授权的管理或技术人员编写、审查和批准的签名规定,以及表明对文件进行修订的办法规定。

(2)登记。有表明受控文件所有持有者姓名的登记本。

(3)分发。每份文件均应按规定编号并分发给个人或岗位,应有收到人的签名为证。

(4)更改。修改后的文件应发给所有受控文件持有者,并有将原文件收回的证据。

(5)复制。复制应处于受控制状态,进行编号、登记等。

5.保持文件的协调性

文件的协调性对其有效性、适用性和可操作性都有很大的影响。编写质量管理体系文件,应从以下诸方面解决协调性问题。

与原有文件协调。新编文件与原有文件及技术文件都是既有联系又有区别的,必须协调好三者之间的关系。

(1)不重复原则:对于已有的文件,新编文件不需再重写;需要提及时,一般只提及原有文件的章条号。考虑到方便操作而必须重新写出原有文件的内容时,写法上应与原有文件保持一致,并采取措施确保其变动不致引起矛盾、误解、遗漏等问题。

(2)无参数原则:由于质量管理体系文件也是管理文件,管理文件应尽量避免技术参数,尤其不要转抄或引用技术文件中的技术参数,从而避免在实施时与技术文件相混淆,更改时难于到位的隐患。

(3)闭环管理原则:要保持每一个程序文件的相对独立性。一个程序文件只写一项工作或工作的某一方面,所述内容有头有尾,过程衔接,符合PDCA程序,从而避免文件的相互依赖或矛盾,便于操作。

质量管理体系文件的内部协调,主要是做到目标具体、职责明确、过程有序、方法有效,特别是要处理好组织和技术及接口关系问题。

程序文件要明确目的和范围,做什么和由谁来做,何时何地做及如何做,应使用什么材料、设备和文件以及如何对活动进行控制和记录等。应明确过程顺序、要求和超越控制。放行要有手续,明确每一项工作的分工和每一个责任人的职责,对集体操作也应如此,不可含糊。质量管理体系文件也有接口问题,也分组织接口和技术接口,而接口问题的实质还是分工责任问题。例如,对质量职责的授权规定,看起来是一个非常简单的问题,实际上若授权不明确,或者权限交叉、矛盾、遗漏等,都可能造成接口问题,使接口处于混乱失控。

二、质量管理体系部门管理文件范例

◆参考咨询业务部读者服务规则

1. 目的
规范读者参考咨询与检索服务,提升服务层次,树立服务品牌。
2. 范围
参考咨询业务部的读者(含用户,下同)服务。
3. 职责
3.1 提供中外文各类工具书、检索性刊物等的查询。
3.2 提供纸质资源和电子资源代检代查、打印、复印、下载、邮寄、E-mail 发送,以及图像文字扫描等服务。
3.3 为政府机关、企事业单位和广大读者的研究课题及生活、学习,提供检索咨询服务、定题服务和专题信息服务。
4. 要求
4.1 接待读者要文明大方,热情周到,耐心细致,态度友好,严禁使用文明礼貌忌语。
4.2 加强对读者的培训工作,提高读者的信息检索利用能力。
4.3 读者在查询资料过程中,如遇有疑难问题,应予以积极帮助。
4.4 为读者提供计算机、扫描仪、打印机、复印机等设备,工作人员应严格遵守相关设备的操作规范和保管制度。
4.5 保持室内安静、卫生,禁止吸烟,为读者创造幽雅宁静的查阅氛围。
4.6 图书、光盘应及时上架排序,定期整理开架书库,保证藏书排序的准确性,以方便读者查阅。
4.7 读者如需打印、扫描服务,按《××省图书馆基本公共文化服务以外的公益性服务收费项目及标准》的规定收取费用;复制本室提供的资料时应注意遵守相关的著作权法、知识产权法。
4.8 定题服务与专题信息服务按本馆有关规定进行并与接受服务的用户协商沟通。
4.9 做好读者服务的登记与统计工作。
5. 相关文件
5.1《中国图书馆员职业道德准则》
5.2《公共图书馆服务规范》
5.3《中国图书馆图书分类法》(第五版)

◆读者服务内容

1. 接受读者咨询(现场咨询、电话咨询和参考咨询联盟在线咨询);
2. 引导来本室查阅或咨询的读者做好划卡和登记;
3. 指导读者对工具书、互联网和数据库等资源的查询;
4. 根据读者需要,为读者提供打印、复印、扫描等服务;
5. 做好图书及时归架,每月图书顺架一次。
6. 做好《参考咨询业务部读者登记表》的相关记录。

◆参考咨询专题文献制作流程

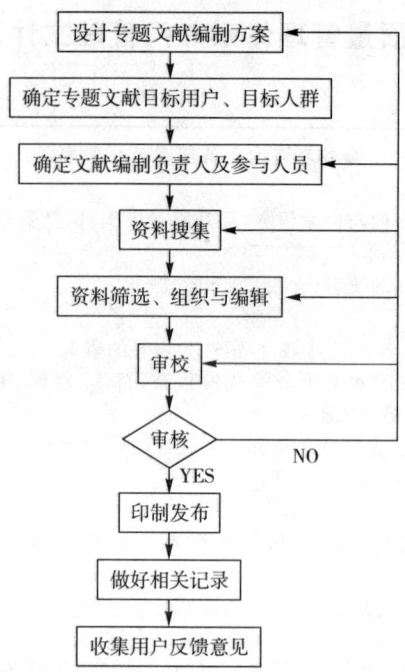

◆参考咨询定题文献服务流程

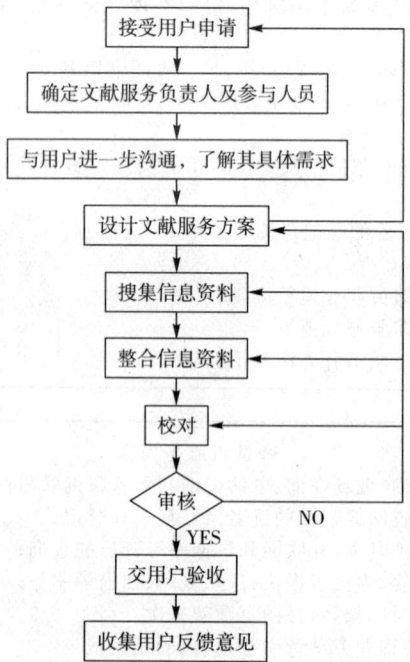

◆参考咨询业务部读者登记表

日期	姓名	证件	单　位	职业职称	查询内容

◆参考咨询文献信息服务反馈表

　　年　月　日

专题名称	
使用单位	
反馈意见	

◆参考咨询业务部专题文献编制记录表

年　月　日

专题名称		专题依据	
专题负责人		参与人员	
策划简介			
目标用户、人群			
资料来源			
资料搜集			
资料编辑		录入文章	
		编制栏目	
		全文字数	
校对			
审校			
审核			

◆ 参考咨询业务部简单咨询记录表

时间	月　　日	咨询方式	□电话 □口头 □其他_____
咨询内容			
服务结果		接待人	
备注：			

◆ 参考咨询业务部图书顺架、归架记录表

日期	归架	册数	顺架	分类号起止	责任人

◆参考咨询业务部政府信息查询记录表

读者姓名		职　业		联系地址	
工作单位					
电　话		邮　编		时　间	
查询内容					
检索结果	□e传送　□打印　□复印			数量	
反　馈	□满意　□不满意 建议：				
接待人员			部门负责人		

◆参考咨询业务部文献信息服务记录表

年　月　日

申请专题名称	
服务用户	
专题负责人	
策划简介	
编辑人员	
校对人员	
审核人员	
用户验收	

◆参考咨询业务部质量管理文件修改记录

参考咨询业务部 参考咨询业务部工作手册	文件编号:X版	
	版号:	共 X 页
更改记录					
章节号	修改条款	修改日期	修改人	审核	批准
XX章节	修改	XXXX－XX－XX			

第七章 数字参考咨询

第一节 数字参考咨询服务概况

信息技术的发展,使信息的实质发生了变化,信息内容不再局限于文字信息,还包括数据信息、图像信息等;信息来源不再以文献情报源为主,非文献情报源所占比例逐步扩大;信息载体也由文本形式向多媒体形式发展。新时代的新技术给人们带来了开放的思想、自由的知识与新颖的方法,也给图书馆带来前所未有的挑战与机遇。随着电子技术和网络技术的发展,网络上的数字资源和图书馆的数字资源不断丰富,为图书馆参考咨询服务营造了一个新的外部环境,促使图书馆的参考咨询服务由传统的咨询台、电话、与用户面对面的交流服务方式转向了数字参考咨询服务。

一、数字参考咨询服务的概念

数字参考咨询服务(Digital Reference Services),又称"虚拟参考咨询服务"(Virtual Reference Services)、"电子参考咨询服务"(Electronic Reference Services),产生于20世纪80年代的美国。但究竟什么是数字参考咨询服务,到目前为止,还没有一个统一的定义,比较有代表性的有:

• 美国教育部资助的虚拟咨询台系统(Virtual Reference Desk)对数字参考咨询的定义:数字参考咨询就是建立在网络基础上的将用户与专家的学科专业知识联系起来的问答式服务;数字参考服务利用因特网将人们与那些能够回答咨询问题并支持发展这种技能的人联系起来。

• 美国图书馆协会(American Library Association,简称ALA)计算机辅助咨询小组虚拟参考咨询指南特别委员会认为:虚拟参考咨询是电子形式的咨询服务,常常以实时聊天的形式,用户利用计算机技术与图书馆员交流,而无需亲自到图书馆。

• 美国国家信息标准协会(National Information Standards Organization,简称NISO)对数字参考咨询的描述:数字参考咨询,也称"虚拟参考咨询"和"在线参考咨询",作为图书馆服务的新项目正在公共图书馆和大学图书馆不断兴起;它允许读者向图书馆员提交通过电子手段回答的问题;数字参考咨询可以是聊天形式的同步咨询,也可以是E-mail形式的异步咨询,或者是两者的结合。

从上述对定义的表述可以看出,数字参考咨询服务是指在数字环境下,以网络为传输手段,以信息资源为基础,针对网络用户的提问,通过电子手段如 E-mail、Web 表单或实时聊天等形式向用户提供不受时间、空间限制的问答式服务。是用网络化、数字化的手段为用户提供咨询服务,帮助用户获取所需信息。

二、数字参考咨询服务的特点

现代信息技术的飞速发展,给图书馆带来了全新的网络环境。在网络环境下,数字参考咨询工作的地位、作用、功能及特点都发生了根本性的变化。与传统的参考咨询服务相比,数字参考咨询服务的特点主要体现在以下几个方面:

1.参考信息资源数字化、网络化

传统参考咨询服务的参考资源是各种类型的工具书和参考文献,即传统的印刷型出版物。参考咨询可供利用的印刷型文献主要有:传记资料、卡片目录、联合目录、字典和词典、百科全书、地理资料、文献指南、手册、索引、书目、文摘、专著和教科书、年鉴等。其中以参考文献、检索工具书等集中配备建立起来的参考馆藏则是传统参考咨询工作的物质基础。网络环境下参考信息源的多样化主要体现在:文献信息载体的多样化(如印刷型、电子型、光盘型、网络型等)、文献信息馆藏形式的多样化(如实体馆藏、虚拟馆藏等)、文献信息种类的多样化(如图书、期刊、报纸、学位论文、标准、专利等)、文献信息存在形式的多样化(如文本、超文本、数据库、多媒体、动画等)等。此外,网络环境下的参考信息源还实现了数字化、网络化,如书目公共查询系统(OPAC)、联机计算机图书馆中心(OCLC)、常见问题解答(FAQ)、各类数据库(CNKI,VIP,万方等)、专业性和综合性搜索引擎等,同时实现了用户咨询提交、解答咨询、传输信息的数字化。网络化的信息源,超越了时空的限制,加速了信息资源共享的进程。数字化信息源的动态性、无序性、时效性、交互性等特点尤为突出。由此可以看出,数字化的信息资源不仅数量巨大、内容丰富、形式多样,而且获取快捷、使用方便,且不受时间与空间的限制。因此,各种光盘存储的信息、网络信息和网络数据库等数字化产品信息,已经成为图书馆工作人员解答用户问题和满足用户需求的主要信息资源。

2. 服务内容的多层次化

传统参考咨询服务的主要内容是解答咨询,即答复读者关于文献或文献内容的各种询问。书目参考咨询服务是指在文献调查的基础上编制二次文献、三次文献,为读者提供所需的文献知识和文献线索(如书目、索引、文摘),辅导读者利用图书馆和使用工具书,还包括一些以传统书目情报服务为主的定题服务。网络环境下,用户需求的信息已不再是单一的学科研究信息,用户咨询服务也从提供文献线索、简单咨询问题的罗列解答服务,向利用现代信息技术提供信息全文、文献信息传递、信息技术与技能的指导与运用、学科专业导航与导读等深层次的咨询服务方向发展。如数据库利用、网上数字化咨询、学科专业导航、E-mail 服务、特色数据库、科研查新、用户网上教育与培训等服务内容。可见,网络环境下的参考咨询工作,涉及日益广泛的学科信息和社会信息,呈现出全方位、综合性、多层次服务的态势。例如,美国科技信息服务社(NTIS)拥有两亿个书目信息,其数据库包括了由美国政府或其他经过选择的外国政府资助的重要资源,拥有国家投入的研究项目的研究报告、计算机产品、软件、声像资料、视听资料等各种形式的科技信息资源。NTIS 每年增加 60 000 条新记录,是一个集成信息资源的门户系统。NTIS 在这些资源的基础上进行深层次的信息服务,为各类用户如政府、研究人员及企业提供各种分析报告、调研报告等,这是图书馆信息服务的一个重要的发展趋势。

3. 服务方式的多样化

传统的咨询服务一般是读者到馆内提出问题,参考咨询人员即时或留档回答问题,采取的方式是面对面直接交流的模式,即以一对一为主的服务方式。网络环境下,读者可直接在网上提出咨询问题,与参考咨询人员进行交互式的问答,不受时间和空间的限制;服务方式也从一对一的方式转向一对多、多对多的方式。网络信息服务方式主要有:常见问题解答、电子公告板、网络寻呼机、网上在线聊天室、图书馆主页、推送服务、个人定制服务、网络学科知识导航服务、合作式数字参考咨询服务、专家咨询服务、实时数字交互式咨询服务等多种咨询服务方式,图书馆可根据用户咨询内容和要求,采用直接、便捷、经济的方式满足用户的咨询需求。

4. 服务对象的社会化

传统的咨询服务工作都有自己特定的咨询服务对象,而在网络环境下,图书馆通过网络联系起来,每一个图书馆都是地区、全国乃至全球信息网络的一个节点,每个加入网络的单位或个人都可以利用网络系统中的任何一个图书馆的信息,并可提出咨询请求。由于网络的广泛应用,图书馆的服务对象范围不再限于一馆、一地、一行业,而是整个社会成员,数字参考咨询服务不再是针对单一用户对象提供咨询服务,而是一种跨区域、跨国界的社会化和全球化信息咨询服务。它不但超越了时间界限和地域限制,而且用户数量日益增加,服务的范围更为广泛。

5.服务手段的现代化

传统的参考咨询服务是参考咨询人员利用各种检索工具,以手工检索的方式查找相关信息,解答读者的提问。检索手段主要是依靠馆藏书目卡片及相应的检索工具书。在网络环境下,各种新技术的出现,使参考咨询工作不再仅用以往简单落后的手工检索方式,而更多地利用先进便捷的网络信息检索技术为读者提供咨询服务。我们可以利用光盘和多媒体技术,把文献索引及原文刻录、存储在光盘上,通过计算机全文文献检索系统为读者提供咨询服务。通过 Internet,我们可利用联机检索系统查询各种信息,利用各种数据库查询二次文献,还可以实现远程检索。

6.服务人员角色的多重性

在传统图书馆中,图书馆员以参考馆员的角色为读者提供咨询服务。他们一般都具有一定的外语水平,熟悉图书馆馆藏信息资源和检索工具,为读者提供咨询服务。这种服务基本上属于一种被动式事实型的咨询服务。网络环境下,用户对信息需求已从单一的学科研究扩展到政治、军事、教育、文化方面,乃至社会生活的各个领域。这就要求网络环境下的参考馆员(学科馆员),既要依赖实体馆藏信息资源,又要依赖网上信息资源,构建以重点学科专业为基础的网络合作交互式咨询服务平台,只有这样,才能最大限度地满足用户多元化、个性化需求。所以,要求图书馆员具有较高的思想道德素质,有敬业精神,具有较高的外语水平,熟练掌握计算机网络操作与使用技术、参考咨询与检索方面的技能,具有较强的人际交往能力。最为重要的是,要在具备一种或多种学科专业知识的背景下,掌握该学科的历史、现状、发展趋势以及学术研究前沿和热点问题。善于捕捉信息、发现信息,通过对大量的信息进行分析、判断和组织整理,把有价值的信息提供给读者。

7. 咨询机构集中化

传统的参考咨询机构比较分散,即使在一个图书馆内,还分成社科咨询、科技咨询或其他专业咨询几个部门,人员和文献分散,部门之间联系不够。这种分散的状况不能适应知识经济时代人们对知识和信息的需求,也不能适应回答读者在网上提出的问题的需要,更不能实现网络合作咨询、联机和远程的信息咨询。因此,参考咨询服务必然由分散走向集中,图书馆应该成立信息咨询部,统一分配和安排参考咨询人员开展参考咨询工作,这样才能更好地为读者服务。

三、数字参考咨询服务的类型

图书馆数字参考咨询服务的类型大体如下:

1. 静态的网上参考咨询服务

在该方式中咨询服务的提供者与接受者之间不发生实时的动态"接洽",虽然一些服务的提供方有时会定时或不定时地更新其服务内容,但主要服务方式并没有改变。服务内容有借阅需知、书目查询、查找资料、网上新书通报、图书馆布局、常用资源介绍、学科导航、读者服务与读者指南、常见问题解答、数据库的利用等。

2. 基于电子邮件的虚拟参考咨询服务

这是虚拟参考咨询最早、最简单,也是最流行、最易实现的模式。美国佛罗里达州 Gainesville 大学的 GeorgeA. Smathers 图书馆于 1989 年秋季首创电子邮件咨询服务,此后几年,该电子邮件咨询服务逐渐流行于大学图书馆和公共图书馆。这种模式表现形式不尽相同,大致有两种形式:最简单的形式是通过链接直接进入,一般是通过 Microsoft 的 Outlook E-mail 应用页面,收件人地址是系统默认的,读者根据自己的需要,如同和一般人交流那样书写信件内容,发送即可。接受咨询的一般为参考咨询服务部门,参考咨询服务部门在收到提问后,通过各种途径,将取得的结果或者是获取这些信息的途径与方法仍然通过 E-mail 形式传递给读者。另外一种服务形式是将幕后的参考咨询馆员资料呈现在读者眼前,使读者对各位参考咨询馆员的简历和专业学科有所了解。读者可根据需要,有针对性地选择咨询专家。他们填写提问表单提交或发送,将问题通过 E-mail 传递给相应的参考咨询馆员,不久就能得到满意的答复。这种服务形式,一般要求建立一个管理中心或由专人负责。读者的提问和参考咨询馆员的回答在系统设计时都会同时传递到管理中心,管理中心人员负责统计问答数据和读者信息,协调各参考咨询馆员的网上参考咨询工作。如果参考咨询馆员不能回答读者提问,则管理中心将问题分派给其他咨询人员解答,或自己回答读者提问。

3. 基于实时交互技术的虚拟参考咨询服务

由于基于电子邮件的虚拟参考咨询不能实现传统面对面咨询中实时交互的功能,人们便开始寻求用新的技术和方法来提供能够实现实时交互的虚拟参考咨询服务。如美国宾州大学商学院的实时参考咨询,主要是通过聊天软件如 LivePerson 等作为支撑而建立的虚拟参考咨询服务聊天室,在图书馆网页上增加此虚拟参考咨询服务的链接。开设不同学科的小聊天室,参考咨询馆员是每个小聊天室的主持人,并对系统有一定的管理权限。读者通过浏览器进入图书馆网站并点击"实时虚拟参考咨询"链接后,就启动了这个聊天性质的咨询系统,双方可进行文字形式的咨询交谈。利用网络共享白板或网络会议技术可以让读者与参考咨询馆员通过图像和声音实现面对面的有声交流,这是另一种形式的实时交互虚拟参考咨询。一般利用 NetMeeting、CUSeeMe 等软件,辅以摄像机、话筒、交谈窗口等进行。系统还可同时开启浏览窗口,进行数据库检索,并将结果拷贝到聊天模块和白板上进行传输。这样,参考咨询馆员与读者可以进行面对面同步交流,及时显示图像和文字,达到与读者到馆和参考咨询馆员当面交流的同样效果。利用网络呼叫中心应用软件,可以集合电子邮件、聊天室、网络会议功能,并将它们与网页共享和应用共享技术相结合,系统提供参考咨询馆员与读者一对一和一对多的咨询形式。在咨询过程中,双方可以实时传输各种格式的文件,参考咨询馆员可以通过系统同时向多个读者演示和讲解信息检索过程,实现类似远程互动教育模式的效果。

4. 网络合作化的数字参考咨询服务

这是一种由多个图书情报机构联合起来形成的一个分布式的虚拟数字参考服务网络,面向更大范围的网络用户提供数字参考服务。它以浩如烟海的因特网资源及丰富的图书馆馆藏资源为依托,以全球图书馆及相关机构的数字网络为桥梁,以一批参考咨询馆员和主题专家为后盾,通过一定的咨询服务系统,为在任何时间、任何地点提问的任何读者提供参考咨询服务。

由于电子邮件和实时交互参考咨询具有方便和快捷的特点,很容易使咨询请求量急剧增加,参考咨询馆员也越来越多地遇到超过自身知识能力和图书馆可利用资源有限等难以一下解决的复杂问题。为了解决这些问题,及时、高效地为用户提供高质量的信息,一些图书馆产生了网上资源共建、共享、协作的理念,充分利用各馆的馆藏资源和参考咨询馆员的人力优势,开展跨专业、跨地区、跨国界的全球性的参考咨询协作。基于这种想法,人们开始探索利用网络技术建立多个机构甚至多个系统合作的虚拟参考咨询服务系统。由此可以看出,合作化数字参考咨询服务是图书馆资源共享理念与数字参考咨询服务工作在网络环境下的必然结合、延伸与发展。它不仅实现了资源共享,还实现了智力共享、专家共享、服务共享。

四、数字参考咨询服务的基本流程

数字参考咨询服务的基本流程包括问题接收、提问解析和分派、产生答案、答案发送和跟踪五个方面。

1. 问题接收

数字参考咨询服务系统以各种电子方式接受用户的提问,如电子邮件、网络表单和电子白板等。

2. 提问解析和分派

数字参考咨询服务系统对接收到的提问进行一定的分析、筛选和评估,并首先查询先前的问题和答案保存文档,看是否有比较合适的现成答案。如果无合适的现成答案,虚拟参考咨询服务系统便将此提问按照一定的规则发送给最合适的、能回答该问题的参考咨询服务人员。

3. 产生答案

参考咨询人员根据自身的知识和可以获取的资源,按照一定的要求和规则进行回答并产生答案。

4. 答案发送

除在实时咨询系统中直接向用户提供答案外,参考咨询人员的答案还可以"张贴"于数字参考咨询的"回答"页面,让用户进行查询浏览,答案也可直接发送至用户信箱。

5. 跟踪

数字参考咨询服务系统通过所记录的提问信息来监控每一个问题的处理进展,如果需要,可随时将当前提问处理的状况通报用户;当一个问题回答完毕后,还需将问题和答案存档,以便今后查询利用。

第二节　数字参考咨询服务平台的设计

一、数字参考咨询服务对平台的要求

数字参考咨询服务在网络环境下运行,要求参考咨询服务必须在任何时间、任何地方都能够被读者(用户)利用。读者(用户)要能随时咨询问题,访问时有合理的反应时间;能快速浏览

常见问题,通过检索得到预期的结果;能便利地进行数据库信息查询链接,查出需要的信息;当遇到问题时,能有联机帮助、在线学习和咨询馆员指导。咨询馆员在数据库中增加资源描述时要有合理的反应时间,回答用户的咨询问题时能链接相关的数据库信息和相关的电子工具。咨询服务管理者要了解咨询服务工作情况,要在合理的成本条件下运行,包括最初建立咨询服务系统的成本和运行咨询服务系统所需的硬件和软件支持费用。

要求目标:

1. 可靠性

要保证咨询服务系统运行正常,包括网络畅通、服务器和工作站可工作、软件模块可利用、用户日志记录清楚。咨询服务应该是安全的,即使在黑客攻击或磁盘发生故障或安全被破坏时也不会丢失资料。

2. 功能性

在咨询服务系统中,系统、资源和人的链接畅通,以保证信息咨询服务工作正常运作。有责任感的咨询服务是可以做到咨询、浏览、检索和管理的统一而不会延误用户的咨询问题,也不会影响新的信息资源更新和检索的。

3. 高效性

为更广泛的用户提供更多的资料和服务,最大化地利用可利用的资源,包括利用的设备资源、网络资源和人力资源。本地咨询服务系统集成度高,与其他相关系统协作性强。

4. 可升级性

信息技术和网络技术发展很快,经常出现由于新技术发展造成参考系统滞后的现象,因此,在系统规划和设计时应考虑到系统发展问题。升级服务可以解决用户数量的增长问题,并增加数据库的数量,拓展新的咨询服务项目。

二、系统总体框架

数字参考咨询服务平台的前端是用户群、咨询馆员和学科专家;中端是咨询服务系统,一般由系统表示层、功能层、资源层三层组成;后端是信息基础设施,包括网络设备群、网络信息通信、局域网和广域网。

咨询服务系统的模型:

1. 表示层

由用户和咨询馆员的交互平台、咨询馆员之间的协作平台,用户信息管理——用户登记、认证、收费、统计,服务平台——电子表格、常见问题、询问馆员、文献传递、参考工具、学科门户,电子学习——网上教室、数据库指南、联机帮助、网上辅导构成。

表示层主要是用户提出咨询请求,咨询馆员与用户或与咨询馆员之间的交流和协作,解决咨询问题,首先进行用户登记和身份验证,然后进行咨询问题提交,根据用户不同的需要,可以选择进入常见问题、电子表格、咨询馆员、文献传递、参考工具链接、学科门户服务等工作模块。

2. 功能层

由问答知识库、专家库、咨询馆员库、日志管理库,咨询请求提交、分发、回答、传递、发布、存储构成。功能层主要是各种参考数据管理,对所有参考工作流程进行控制。参考数据管理功能包括数据采集、标引、整理、发布、链接、统计,参考工作控制管理包括电子表格、常见问题、询问馆员、文献传递、参考工具、学科门户等功能模块的管理。

3.资源层

由本地资源——数据库、电子期刊、电子图书、电子工具书,网络资源——Web资源、学科导航、学科门户、检索引擎构成。资源层主要是咨询数据源和咨询管理数据。咨询数据源包括书目、索引、文摘、手册、百科全书、词典、网络引擎、信息门户等,咨询管理数据包括用户信息、咨询馆员信息、合作单位信息、专家信息、咨询资源、咨询工作数据。

三、系统功能

数字参考咨询服务平台的系统功能主要有:常见问题咨询服务实现咨询问题和答案人工采集、自动转换、文本编辑、检索标引、选择发布、保护隐私功能;电子邮件咨询服务实现用户咨询请求登录、咨询馆员处理、咨询处理工作记录;实时互动咨询服务实现及时上线、同步浏览、协同交流、交流历史记录、查询、编辑、入库;文献传递服务实现文献传递政策发布、文献传递的登录、工作人员处理、文献传递工作记录;网上用户教育实现用户教育计划发布、数据库指南、各类文献信息查找指南、联机帮助、课程点播、同步授课、交互辅导、作业管理、意见反馈;参考工具源实现信息资源的采集、标引、转换、归类、链接、存储、发布、检索;用户管理实现用户登录、认证、计费、统计;咨询系统管理实现系统权限管理、运行管理、数据维护、日志管理、用户管理。

四、关键技术

数字参考咨询服务系统涉及计算机技术、网络技术、数据库技术和通信技术。其主要技术包括Web技术、引擎技术、内容管理技术、聊天技术、呼叫中心技术、远程会议技术和客户关系管理技术。

1. Web技术

Web技术是支撑数字参考咨询服务系统的主要技术。Web技术包括Web浏览器、Web服务器、Internet协议等。其中Web客户机是客户端的浏览器,是Web服务器的前端;Web服务器是多媒体资源存放的主机,是客户机的后台支撑。Web客户机和Web服务器通过HTML、XML文件方式传递。中间件可以调用Web服务器中的数据库和其他应用程序,常用的中间件有CGI(公共网关接口)、WebAPI(服务器应用编程接口)、JDBC(Java数据库连接)。WWW Web Service服务是SOAP协议(Simple Object Access Protocol)在WWW网络协议下的应用。该服务方式通过使用WS-DL(Web Service Description Language)、DIS-CO(Discovery)和UDDI(Universal Description Discovery and In-tegration)标准,使服务客户可以使用客户端应用程序,通过HTTP协议访问信息内容。Web通信的基本原理是:由浏览器向Web服务器发出HTTP请求,Web服务器接到请求后进行相应的处理,将处理结果以HTML、XML文件的形式返回给浏览器,客户浏览器对其进行解释并显示给用户。而Web服务器要与数据库服务器交互,则必须通过中间件才能实现。Web技术的成功在于它制定了一套标准的、易为人们掌握的超文本开发语言 HT-ML 和 XML、信息资源统一定位格式 URL 和超文本传送通信协议 HTTP。

2.搜索引擎技术

搜索引擎技术是数字参考咨询服务过程经常要利用的网络咨询工具。搜索引擎技术是由信息抽取系统和用户界面组成。在信息抽取系统中,由网络机器人获取互联网页面,经文本分析处理(通常为提取索引项、自动摘要、自动文件分类等)后建立索引库,系统利用文件相似性算法来完成相关文件的查找。搜索引擎通过用户界面接受用户的查询要求,按照特定的算法在事先建立的索引库中查找出满足用户要求的数据集合,经排序后返回给用户搜索结果,通常包含所查找出的文章的标题、简介(可以是摘要、文本开头部分的文字、出现所查关键字的句子等)、文件创建日期、文件所在网站的链接等信息。按照习惯分类方法,搜索引擎可以分为索引搜索和网站目录搜索两种。目前多数引擎已实现了两者的结合,既可以进行网页级的搜索,也可以按照某一类别进行搜索。同时,也出现了多种新的搜索服务,比如产品搜索、新闻搜索、多媒体信息搜索等。

3.内容管理技术

内容管理技术是管理咨询服务所有信息内容数据和工作运行数据的平台。在咨询服务系统中有两类内容管理技术,一类是数据库技术,另一类是内容管理技术。数据库技术主要研究如何存储、使用和管理数据,已成为咨询信息系统和应用系统开发的主要技术。它已由第一代的层次型和网络型数据库、第二代的关系型数据库发展到第三代面向对象的模型数据库。数据库技术与相关技术的有机结合,形成了知识库、工程数据库、模型数据库、演绎数据库、时态数据库、统计数据库、空间数据库、并行数据库和科学文献数据库等,它们都是用特定技术领域知识,通过数据库技术实现对特定数据对象的计算机管理,并实现对被管理数据对象的操作。数据库技术和网络通信技术、面向对象编程技术、并行计算机技术、人工智能技术相互融合、相互渗透,促进了数据库技术的发展和广泛应用,出现了对象关系数据库(ORDB)、数据仓库(DW)、实时数据库(RTDB)、Web数据库(Web-DB)、非结构化数据库。内容管理就是要解决对信息的分析、过滤、阅读权限、内容安全等多方面问题,实现从内容采集、创建、传递到内容分析等整个产业价值链的完全整合。许多数据库软件纷纷推出内容管理系统,如 TRS 推出网上内容管理系统。随着多媒体信息的增加,多媒体咨询服务系统出现;需要数字内容管理技术。数字内容包括视频、音频、图像及文本在内的各种媒体资料。为了能够在任何时间、任何地点、采用任何格式递送到任何地方,数字内容管理技术应运而生。IBM 公司提出的"数字媒体工厂"是将技术统一起来的开放式框架,包含了 IBM 的 DB2 数据库、中间件、In-telliStation 工作站、eServer 服务器、企业存储设备,以及内容管理和发布软件,并配合 IBM 服务咨询支持。

4. 聊天技术

聊天技术是实现网上实时互动咨询服务的主要技术。聊天服务系统是基于客户机/服务器模式,可在网络(Intranet 或 Inter-net)中用的聊天服务软件。客户端将数据发送至服务器,并从服务器接受相应的数据。由服务器决定是否接受数据,并将数据传送至目标客户机。服务器与客户都支持面向连接的 TCP 协议与无连接的 UDP 协议。聊天服务系统运行平台是 WindowsXP 或 Windows2000,所使用的开发语言是 VisualC++(也有少部分用 Delphi5 实现)。通常把这种软件技术分为两类:IRC(Internet Re-lay Chat)和 Web-basedchat。目前占主导地位的数字参考咨询服务系统商业站点主要有 LSSI、Docutek 和 24/7 等。

5.呼叫中心技术

呼叫中心是数字参考咨询服务系统选择与用户交流的技术平台之一。信息时代的呼叫中心是采用 CTI 技术(Computer Tele-phone Integration)的新一代客户服务系统,其不同于传统电话中心之处在于将计算机的信息处理功能、数字程控交换机的电话接入和智能分配、自动语音处理技术、Internet 技术、网络组网技术与实际业务系统紧密结合在一起,为用户提供更亲切、周到、快捷、功能强大的服务。

现代呼叫中心系统主要是由 PBX 交换机、CTI 服务器、IVR 设备、应用数据库服务器、坐席系统等硬件设备和系统应用软件组成。它以电话服务为主要服务方式,结合计算机信息系统的资料数据,为客户提供全方位的服务。它将组织内分属各职能部门为用户提供的服务,集中在一个统一的对外联系"窗口",最终实现一个电话解决用户所有问题的目标。呼叫中心为参考咨询服务提供智能路由选择、电话外拨、预计用户等待时间、屏幕弹出、呼叫和数据同步转移等先进功能,让用户享受到高质量的服务;同时,服务中心还提供业务统计和呼叫统计分析等功能,帮助用户实现智能和决策分析。如 eGainInternet 的 Web 呼叫中心系统已被美国南加利福尼亚州的公共图书馆和大学图书馆所使用。

6.远程会议技术

远程会议技术是数字参考咨询服务系统选择与用户交流的技术平台之一。远程会议技术基于 PC 和 Internet 的软件视频会议系统运行。远程视频会议系统是视频会议技术与流媒体技术相结合的多媒体综合服务平台,它可向用户提供视频会议、数据协作、远程培训、产品发布和电子商务等个性化、全球化的综合性商务活动服务,配置在笔记本电脑上可实现真正的移动商务交流。视频会议系统主要由会议服务器、会议客户机、会议管理系统和用户数据库组成。系统实现需要配置一台装有视频会议软件的服务器,并且拥有公共的IP地址,同时还可位于防火墙之后,用户通过运行PC机上的视频会议系统客户端软件参与视频会议。

7. 客户关系管理技术

客户关系管理技术是数字参考咨询服务系统选择与用户交流的技术平台之一。客户关系管理(Customer Relationship Management,CRM)的目标是通过管理与客户间的互动,提高客户价值、客户满意度、客户忠诚度,并发现市场和销售渠道,发现新的客户,提高客户利润贡献率,最终实现企业的社会效益和经济效益的提高。数字参考咨询服务系统应用CRM的目的是改善图书馆与用户之间的关系,是对图书馆的信息服务进行管理和协调,适应用户需求,对图书馆信息服务决策提供支持,同时对参考咨询服务环节加强管理,以提高用户满意度。

第三节 数字参考咨询服务质量评价

数字参考咨询服务是图书馆发展到一定阶段的必然产物,它标志着图书馆正在利用网上平台拓展自己的专业性服务。参考咨询服务作为图书情报部门的基本业务工作之一,在开发和报道文献资源、为读者提供信息服务等方面一直发挥着至关重要的作用,占据着不可或缺的地位。然而,随着网络技术和信息科学的飞速发展,图书馆传统参考咨询工作正逐步向网络化的现代参考咨询转变,一系列新的问题也随之产生。因此,在信息服务快速发展的今天,加强对参考咨询服务质量的评价十分必要。

一、数字参考咨询服务质量评价的含义与意义

数字参考咨询服务质量评价是指运用科学、规范的评估原则和方法,对某一数字图书馆在一定时期内信息资源建设及信息服务成效等指标进行定量与定性的分析,并做出真实、客观、公正的综合评判。这是图书馆参考咨询部门的一项重要的行政管理工作,也是改进管理、优化决策的重要手段。评价是衡量与评估参考咨询工作的质量与效益的过程,以便能在今后的工作中取长补短,不断改进图书馆参考咨询工作的管理水平,促进参考咨询工作的良性循环。评价工作的现实意义可以归纳如下:

1. 有利于参考咨询工作的改善

即通过测定与评价可以衡量图书馆参考咨询部门所制定的计划是否合理可行,人员使用是否得当,各种措施和方法是否有效;可以对工作中发现的不足之处予以改进,总结工作中的长处并予以发扬,从而促进参考咨询服务的开展。

2. 有利于实现资源的有效利用

即通过评价可以了解工作是否达到预期目标或预期目标是

否正确,掌握读者的信息需求,以便确定可满足本馆用户需要的服务方向和项目,充分利用可获取的信息资源,最大限度地满足用户的信息需求。

3. 有利于提高咨询服务的质量与效益

即通过评价可以了解咨询读者(用户)在图书馆参考咨询服务过程中的受益情况,掌握图书馆资源是否被有效地运行等具体问题。

二、影响数字参考咨询服务质量的因素

评价数字参考咨询服务质量,首先应该了解构成数字参考咨询服务的主要因素,并对这些因素在咨询过程中所扮演的角色及作用加以分析,从而更好地把握数字参考咨询服务的特点和规律,制定科学的评价指标。影响数字参考咨询服务质量的因素是多方面的,但总体而言,主要有以下几个方面:

1. 技术、资源因素

(1)技术因素。

开展数字参考咨询服务,必须具备能够提供数字参考产品的技术平台。如果在参考咨询工作的各个信息处理环节上发生技术性问题,就可能出现乱码信息、信息丢失、死机、网络中断、病毒破坏、邮件传递失败等现象,从而导致参考咨询进程的中断或更为严重的后果。

(2)资源因素。

信息资源是开展数字参考咨询工作的物质基础,也是影响参考咨询工作质量的基本因素,信息覆盖范围的广度、深度,信

息的准确程度以及信息组织管理形式都会对服务质量好坏有较大影响。因此,要有丰富的资源库作为数字参考咨询服务的物质基础。如果参考资源不足,就必然会使参考咨询馆员不能为用户提供充足的、准确的知识信息。

2.人员因素

参考咨询人员是联系用户和信息资源的桥梁,是实现参考咨询服务顺利开展的保障。这里的人员既包括咨询人员、咨询专家与学科专家,也包括用户。好的数字参考咨询服务队伍应由一般咨询人员和咨询专家及一定比例的学科专家组成,他们的素质高低直接影响着服务质量的好坏。而用户在咨询过程中的合作态度与交互能力,也会不同程度地影响咨询服务的质量。

3.咨询管理因素

咨询管理因素主要包括是否有完整的服务政策和合理的规章制度、服务方式是否多样以及同行合作的支持因素等。完善的服务政策能够使用户在咨询前了解服务目标与宗旨、服务方式、服务时间、服务对象等基本情况;合理的规章制度则规范约束着咨询人员的服务行为,而同行之间的合作可补充本部门资源、知识、智力等要素的不足。

三、网络环境下对参考源的评价

网络环境下的参考咨询面对的不再是一馆或多馆内的馆藏信息资源,而是整个信息世界。所以,在对网络环境下参考信息源进行评价时,要考虑参考信息源的配置与布局是否合理。评价电子参考信息源时应综合考虑以下因素:

1. 权威性

权威性主要是指网络参考信息源和来源网站及其主办者、发布者、责任者(著作者)等的权威性、知名度、影响程度,它是评价网络参考信息源质量、可信度和可靠性等的重要因素。权威性主要包括三个方面的内容:

(1)网络参考信息源的权威性。主要包括网络参考信息源是否有相关的背景,是否固定可靠,其对应信息资源的著作权是否有明确的标示,其学术性是否有知名专家和学者的支持,以及信息资源是否可以验证出处或给出引用文献的来源等。

(2)网站的权威性。不仅要考察网络参考咨询信息源所在网站的情况,若是转载和转发的还需要考察其来源网站。包括网站提供的有关办站的宗旨、指导思想、发展方向、发展动态等背景信息,通过网站的"FAQ"、"About Us"、"Mission"等链接内容得到的其组织者、所属机构、服务对象、服务目的等信息,网络提供的拥有权威性专家的情况、联系方法、版权信息、获得荣誉、外部评价等信息,以及评价机构对网站作出的评价等。

(3)主办者、发布者、责任者(著作者)的权威性。网络参考信息源和网站的主办者、发布者、责任者,是机构、团体还是个人,是否提供了有效的联系方式,以及其在本领域的学术地位、网站组织方式和运行机制如何等。

2. 时效性

时效性主要是指网络参考信息源中信息内容的更新周期和速度。时效性越强其信息资源就越新颖,对用户的吸引力就越强。时效性的内容主要包括:标注写作日期、上网日期和修改日期状况;注明信息资源更新的频率情况;按声明的日期进行更新状况;标明最近一次更新日期的情况;过时无用信息、错链等无效部分处理的及时程度等。

3. 实用性

参考信息源的实用程度。要考察产品的生产目的是什么，是学术性的、商业性的，还是娱乐性的，为哪些用户服务，以确定是否符合本单位用户及其需求的特点；产品的售后服务和使用情况如何，用户界面是否友好，能否保证用户无障碍使用；产品使用频率的高低，检索点的多少，检索效率的高低，能否保证用户有效利用；产品的使用方式限制（如只供浏览、不可下载）、使用范围限制（如网络版、单机版的使用范围有别）、产品应用环境限制（如通信条件、设备要求等）等。

4. 特色性

特色性是指每种参考信息源所具有的特定收录范围和独特功能，不同的参考信息源间内容不应有过多的重复。考察其是否包括图像、动画、声音等多媒体信息以及超文本链接等。注意参考信息源的学科特色和地区特色，以有助于形成完整的体系。

5. 全面性

高质量的网络参考信息源应具有能够全面表达主题观点的特性，其内容应具有广度和深度。全面性的内容主要包括：信息收录的主题范围是否涵盖更多的方面，是否集中在更宽的领域，是否包括相关的主题，是否包括多种语言，是否给出引用文献来源，提供的信息资源是否具有更深的层次等。

6. 安全性

安全性是指网络参考信息源对病毒侵袭、黑客攻击和信息篡改等不安全因素的防范能力。安全性的内容主要包括：网络参考信息源是否具有防病毒和抗病毒的能力,特殊信息是否使用了专用网络服务器,是否采用了防黑客攻击和防病毒感染的技术,是否安装有防火墙和其他防病毒感染的技术,是否使用了安全加密防范措施等。

7. 科学性

信息是否准确、完整及结构是否合理是衡量电子参考信息源是否科学的重要尺度,也是衡量参考信息源质量高低的核心标准。信息内容不应粗制滥造,不应含有思想观念上的偏见,而应符合实际。信息系统软件与信息源应具有良好的匹配性。信息加工和系统软件应符合有关标准。再如,评价网络信息资源,我们可以借鉴国外的一些先进做法。譬如,美国在1996年提出"将电子信息资源介绍给用户的原则"(Guidelines for the Introduction of Electronic Information Resource to User),该原则提出要在对信息资源进行科学评价后再介绍给用户使用。此外,美国的信息管理咨询公司(Consultantsin Information Management,Inc.)专门从事信息资源评价工作,如对 LEXIS、NEXIS 等网站进行详细评价,然后再将结果在网上公布。又如 Lycos 网站,将网络检索与网络资源的评价结合起来,依据内容、设计、总体表现等对各类网站加以评价,推出"Top5％"(最佳的百分之五)的网站。这些都是评价网上信息资源的表现。

四、数字参考咨询服务的评价方法

在实际工作中,对数字参考咨询服务评价的方法通常有以下几种:

1. 访谈法

即评估者通过采访选定的对象从而对参考咨询服务工作进行评价。一般可分为直接访谈法（如面对面的两人访谈、团体访谈等）和间接访谈法（如电话访谈、网络聊天访谈等）。

优点：通过面对面交谈，可以获得第一手资料。

缺点：评估者必须受过专门训练，能识别回答中的虚假成分，不带个人偏见，所采纳的样本要有足够的代表性。

2. 观察法

即参考咨询服务评价人员亲临参考咨询服务现场，观察实际情况，以标准格式记录各个环节的内容、原因和结果，并加以分析与评价的方法。对图书馆参考咨询服务的评价一般是采用定期观察和重点观察两种方式。

优点：观察的资料比较真实，具有及时、生动的特点。

缺点：主观色彩较重，不能直接深入服务的本质，难以分辨偶然的事实。

3. 调查法

该方法是评价研究中最常用的资料搜集方法。通过这种方法，可获取图书馆和图书馆员数量、质量两方面信息。调查法的可靠性如何，关键在于调查表设计的好坏。一个好的调查表在问题和答案的设计方面应具有简明性和唯一性，模棱两可的问卷设计将会导致问卷调查结果的不明朗。

4. 网络日志分析法

网络日志分析是一个从网络的存取模式中获取有价值的信息的过程，分析的内容一般包括访问日志、引用日志、代理日志和错误日志。这些文件包含了大量的读者访问信息,如读者的IP地址、访问日期和时间、访问路径等。对于公共图书馆参考咨询服务而言,就是对读者访问参考咨询服务器留下的记录进行分析,寻找读者的咨询规律,分析满足读者需求的情况。

优点:收集信息全面、准确、客观、及时。网络日志的收集是服务器自动完成的,它从读者进入图书馆的咨询页面开始,直到读者离开结束,在收集咨询信息的过程中不受人为因素的影响,得到的信息也很客观。

缺点:日志分析难度较大,对硬件的要求较高,许多图书馆目前还无法进行。

5. 成本效益分析法

成本效益分析法是一门技术与艺术相结合的参考咨询服务评价方法,它可根据需要从多角度、多层次对图书馆开展的参考咨询服务进行评价。在对图书馆参考咨询服务进行评价过程中,主要涉及以下几个成本的分析:设备成本(如硬件的购买费、文献资料购置费等)、软件成本(如软件系统的购买、运行及维护费等)、人员成本(如咨询人员的培训费用、技术人员的引进费用等)和其他成本(如通信成本、时间成本等)。

优点:咨询服务的评价结果以数字的形式呈现,清晰明了。

缺点:效益难以确定,需综合运用运筹学、程序设计、经济分析以及有关设备系统设计与使用的知识和方法,对分析人员的要求较高。

6. 内容分析法

内容分析法的目的是弄清或测验文献中的事实和趋势,揭示文献中含有的隐性情报内容,从而对事物发展做情报预测。运用于图书馆的参考咨询服务评价中,图书馆参考咨询的评价者则可以经常对读者的咨询过程和内容进行分析,从而揭示出读者和参考咨询馆员的信息活动状态,进一步反映出参考咨询服务的质量和层次,为图书馆参考咨询服务水平的提高提供指导。

优点:可反映参考咨询的"量"和"质",能达到其他方法所达不到的效果。是自动完成的,它从读者进入图书馆的咨询页面开始,直到读者离开结束,在收集咨询信息的过程中不受人为因素的影响,得到的信息也很客观、真实。

缺点:日志分析难度较大,对硬件的要求较高,许多图书馆目前根本无法进行。

第四节 数字参考咨询服务的法律问题

数字参考咨询,又称"虚拟参考咨询",是近年来依靠新的网络通信技术发展起来的图书馆的新的服务方式。它是建立在数字化通信基础上,通过网络收发电子邮件、网页表单或者使用在线聊天软件、呼叫中心软件、即时视像软件等,为远程用户提供方便、快捷的信息咨询服务。与传统的参考咨询相比,数字参考咨询具有参考信息源的多元化、咨询模式的多样化、服务对象的社会化、服务范围的扩大化等特点。然而,随着网络侵权案件的不断发生,数字参考咨询服务在运行中所涉及的法律问题,已成为全球关注的焦点。从总体上看,无论是对信息资源的收集、加工与整理,还是对信息资源的复制、传播和利用,都无法回避法律问题。如果某个环节处理不慎,将有可能引发诉讼纠纷,使图书馆承担不利的法律风险。因此,熟悉和了解有关法律、法规,防范法律风险,更好地服务于读者(用户),是所有图书馆员都必须认真对待和思考的问题。数字参考咨询服务中可能出现的法律风险:

一、文献数字化风险

数字化就是把所有信息包括数字、文字、声音、图形、图像等的传统表现形式,转换成以计算机可识别的以二进制代码为载体的复制方式。复制就是借助一定的方式,将作品制作一份或多份,是对原创作品的再现。《中华人民共和国著作权法》第十条一款规定:著作权人享有复制权,即以印刷、复印、录音、录像、翻拍等数字化或非数字化方式,将作品制作成一份或多份的权利。国家版权局制定的《关于制作数字化作品的著作权规定》第二条也指出:"将已有作品制成数字化作品,不论已有作品以何种形式表现和固定,都属于《著作权法》所指的复制行为。"由此可知,从版权法角度看,判断数字化行为是否构成复制,关键在于客观上是否将作品制作成一份或多份,而不论复制借助何种方式,因此,图书馆数字化处理的过程,就是版权法上讲的复制行为。数字化前后的作品具有同一性,版权自然由版权人享有。复制权作为版权人享有的一项专有权利,它往往与发行权、广播权连在一起使用。图书馆如果未经著作权人同意或法律允许,擅自对其作品进行数字化处理,就构成对著作权人复制权的侵犯。

二、信息网络传播风险

网络传播是数字化作品的主要利用方式。信息资源上载是指运用一定的技术手段,将作品以数字化形式搭载至计算机互联网上,向不确定的公众传播。《中华人民共和国著作权法》第十条一款(十二)项规定:著作权人享有信息网络传播权,即以有线或者无线方式,向公众提供作品、表演或者录音录像制品,使公众可以在其个人选定的时间和地点,获得作品、表演或者录音录像制品的权利。同时,该法第十条第一款还规定,版权人有权决定其作品是否被公之于众。因此,图书馆为了让读者获取和利用信息,将数字化后的作品通过网络向社会公众传播,属于著作权法上规定的网络传播行为。如果未经著作权人授权或法定许可,擅自复制并在网络上传播他人作品,就构成对版权人信息网络传播权的侵犯。

三、妨碍技术措施和权利管理信息风险

技术措施是权利人实施的一种自我保护措施,是指用于防止、限制未经权利人许可而浏览、欣赏作品、表演、录音录像制品,或者通过信息网络向公众提供作品、表演、录音录像制品的有效技术、装置或部件。权利管理电子信息,作为权利人依法享有的一项精神权利,是指说明作品及其作者、表演及其表演者、录音录像制品及其制作者的信息,作品、表演、录音录像制品权利人的信息和使用条件的信息,以及表示上述信息的数字或者代码。我国《中华人民共和国著作权法》第四十七条和《信息网络传播权保护条例》第五条规定:未经权利人授权或法定许可,故意避开或者破解权利人为其作品、音像制品所采取的保护措施,或故意删除或改变作品、音像制品权利管理电子信息的,应依法追究其法律责任。

由此可见,对技术措施和权利管理信息的保护,是法律赋予

权利人的一项权能。如果图书馆未经授权或法定许可，擅自破解或规避技术措施，删除或改变权利管理信息，则属于侵权行为，是对权利人权利的侵犯。

四、提供网络服务风险

在网络环境下，图书馆具有网络内容提供和网络链接提供的职能。最高人民法院《关于审理涉及计算机网络著作权纠纷案件适用法律若干问题的解释》第四条规定，提供内容服务的网络服务提供者，明知网络用户通过网络实施侵犯他人著作权的行为，或者经著作权人提出确有证据的通知，但仍不采取移除侵权内容等措施以消除侵权后果的，应当追究其与该网络用户的共同侵权责任。第五条规定，提供内容服务的网络服务提供者，对著作权人要求其提供侵权行为人在其网络的注册资料以追究行为人的侵权责任，无正当理由拒绝提供的，应当追究其相应的侵权责任。由此可见，我国网络内容提供者的法律责任，适用于过错责任原则，图书馆作为提供内容服务的网络服务商，有防止侵权内容传播和提供侵权行为人注册资料等有关证据的义务。在明知网络用户通过网络传输侵犯他人著作权，或者在著作权人提出确有证据的通知后，图书馆若仍然无正当理由拒绝提供侵权行为人的注册资料、拒绝删除侵权内容，则应当追究其侵权责任。

五、提供链接服务风险

图书馆网络导航是数字参考咨询服务的重要方式。图书馆在自己的主页上，运用链接技术实现网络导航，其链接的方式及服务风险主要如下：

1.内链及其服务风险

内链又称"链入"或"埋置链"，技术名称是"IMG"。这种链接方式的特殊之处在于，用户点击链接标记后，浏览器地址栏并没有发生变化，仍然是设链者的域名，但被链对象网站上某一网页的内容却自动显示在用户电脑屏幕上，并和设链者的网页融为一体，使人产生该内容是设链者提供的错觉。内链的方式主要有纵深链接和加框链接两种。

(1)纵深链接。

纵深链接又称"深层链接"(Deep Link)，是指链接他人网站时不链接主页，而是绕过主页直接链接到分页上。这种链接方式可以大大提高用户浏览的效率，直接到达所要寻找的内容所在的页面，而不必先到达被链网站的主页，然后再层层深入。纵深链接是一种常见的、容易引起法律纠纷的链接方式，如前所述，无论链接方式如何，链接所提供的服务均构不成版权法意义上对被链作品的复制行为，因此不会构成对被链作品的版权侵犯。

(2)加框链接。

加框链接又称"视框链接"或"镶边链接"(Frame Link)，于1996年1月在Netscape2.0上采用。这种链接技术允许设链者将页面分为几个独立的部分，即视框，每个视框可以同时呈现不同来源的资料，可以是本网站的材料，也可以是链接来的材料，并且可以单独滚动。同时，用户浏览器虽然能访问到框中链接的网页，但用户浏览器地址栏中仍是设链者的地址。尽管许多链接者对这种链接行为极为不满，但设链者没有对被链材料进行复制，一般来说不会侵犯他人的版权。

2. 外链及其服务风险

外链又称"正常链"或"链出",它的技术名称是"HREF"。这种链接方法可以将用户带到被链网站的主页,用户点击链接标志后,用户浏览器地址栏由设链者的域名变为被链者的域名,网页上不再显示设链者的任何信息。目前,国内数字图书馆主页提供的"友情链接"大多属于这种情况。虽然外链只要链接标记选择得当,一般不会构成直接侵犯被链对象版权的行为,但还是要注意规避相关的法律责任风险。

六、妨碍个人信息管理风险

在网络社会中,个人信息除了涉及个人的已被识别和可被识别的任何资料,例如姓名、出生年月、身份证号码等,许多新兴的个人数据也被列入了隐私权保护的范围,例如 E-mail 地址、E-mail 用户名、IP 地址和 Password 等。1995 年欧盟议会通过的《欧盟个人资料保护指令》,就明确规定了有关个人的隐私和保密问题。该指令规定了资料控制者的义务主要有:保证资料的品质、资料处理合法、敏感资料的禁止处理与告知当事人等;资料当事人则享有接触权利与反对权利,并有权更正、删除或封存其个人资料。如图书馆存有个人信息的计算机应独立运行,以确保读者个人信息不被任意调用、随意查询。在 VRD2003 年版的数字参考咨询服务质量方面的文件中,隐私保护标准涉及信息收集、储存、修改、使用、散布,包括了用户的知情权、选择权、控制权、安全请求权、利用限制权,倾向于能动的隐私权。例如,用户和专家间的通信必须处于一个完全保密的环境中。隐私保护的基本要求是拒绝向公众提供用户姓名、E-mail 地址或通讯地址、提出的问题,在要求提供这些个人信息前应有书面的说明事项;如果公开未满18岁未成年人的身份信息,则要征得其监护人的同意;用户和专家享有个人信息不被恶意监视等权利。在我国,目前虽然还没有专门针对个人信息保护的法律,但可以参考国外比较成熟的隐私保护法律。个人信息法律保护的基本范畴应该包括个人数据的收集、持有、处理、传输和利用。由此可见,对个人信息的保护,是法律赋予权利人的一项权能。如果图书馆未经授权或法定许可,擅自披露或出售个人信息,就是对用户隐私权的侵犯。

七、数据库建设的版权风险

数字参考咨询中所涉及的网络信息资源,主要有外购的数据库和自建的数据库。所谓"外购的数据库",是指已经开发建设好的数据资源库,图书馆必须购买其使用权,在数据商许可的范围内进行使用和复制信息。目前图书馆通常的做法是,在购买时说明该数据库是用来做参考信息源,通过网络提供给远程终端用户使用,通过提高价格以弥补数据库和著者知识产权的损失。对于部分自建的数据库,除依据法律规定可以以合理使用方式解决外,处于版权保护期内的作品的数字化必须取得作者的授权许可才能进行。同样,图书馆要想把此部分作品提供给读者使用,也必须事先解决好授权许可使用问题。在图书馆参考咨询信息源中,一次文献提供的是信息服务,二次文献提供的是情报服务,三次文献提供的是知识服务。其中,二次文献是将大量分散无序的一次文献进行加工、提炼、组织,并按照一定的逻辑顺序或科学体系加以编排的相关文献的集合。在数字环境下,二次文献和三次文献越来越多地被图书馆整合加工为自有数据库,这一环节中的版权问题也不容忽视。

通过上述分析可知,图书馆使用作品,主要表现为对作品的数字化处理和网络化传播,涉及著作权人的数字复制权和信息网络传播权。尽管网络环境下的图书馆,仍然有保障公民公平获取信息的职责,但是,作为社会系统组成部分的图书馆,也必须依照法律原则和规范,来调整自身的行为,以避免陷入版权纠纷。

八、建议采取的措施

1. 数字图书馆保护知识产权的有效措施

(1)加强知识产权保护意识,提高图书馆管理人员的知识产权素质。

不管是读者还是图书馆员都应该加强知识产权的保护意识,自觉维护权利人的合法权益。图书馆可以针对知识产权法开设一些基础性讲座,传授法律基本知识,让读者和馆员树立知识产权意识,自觉维护知识产权。图书馆员作为信息的传播者,更应该提高自己的知识产权素养,较好地适应知识产权保护的法律环境,及时对可能出现的侵权行为进行探讨和合理规避,并采取有效措施,使数字图书馆的信息服务工作在法治轨道上顺利前行。

(2)利用先进技术加强知识产权保护。

数字图书馆可以利用先进的计算机技术保护知识产权。比如,设置网上使用权限,可以防止不在授权范围内的用户非法使用数字资源;采用加密技术和数字签名技术,将加密水印、签名等隐藏在文本当中,作者可以通过作品内的记号识别违法行为;构建安全子网,设置防火墙,将互联网和内部网隔开,防止非内网人员盗用资源,等等。科技发展日新月异,图书馆员应该将多种信息技术应用至知识产权保护中来,以确保权利人的合法利益不受损害。

(3)充分利用知识产权的特点建立保护机制。

知识产权法在保护权利人合法权益的同时,为了能够让广大群众方便使用资源,也规定了一些合理使用的范围。除此以外,知识产权保护有严格的地域限制和实践限制,要考虑知识产权人在本国地域范围内是否享有知识产权,一旦过了保护期限就成为社会公有资产,不受知识产权法保护。图书馆在利用数字资源时,要充分利用这些特点,在法律许可的范围内,最大限度地使用和传播信息资源。

(4)以数字技术和网络为支撑建立联盟。

目前,数字图书馆提倡共享共建,将资源和服务整合在一起,提供给广大用户,图书馆联盟由此建立。为了更好地保护知识产权,图书馆联盟可以采用各种途径和技术手段,加强馆际合作。联盟的力量必然大于独立馆,数字图书馆将人力、物力和财力集中到一起,能够形成合力,采取更加有效的措施,以保护权利人的知识产权。

伴随着计算机网络的快速发展,数字图书馆信息服务范围不断扩大,信息服务能力不断提升。虽然2010年中国图书馆学会年会上发布的《数字图书馆资源建设和服务中的知识产权保护政策指南》为数字图书馆加强信息服务提供了指导和保障,但是数字图书馆资源纷繁复杂,涉及多种知识产权问题,我们应该尽快完善相关法律法规,并加强行业自律,以保护知识产权人的合法权益,推动数字图书馆事业健康发展。

(5)建立著作权集体管理机制。

著作权集体管理,作为有效实施版权法的一项重要措施,在欧美国家已有近200年的历史。如美国版权核准中心,就是一个为用户与著作权人搭桥的专门机构。它提出了网络环境下单位复制许可方案,对于个人用户提供交易许可,解决了数字化作品"海量许可"的难题。《中华人民共和国著作权法》第八条也确定了著作权集体管理制度,并颁布了《著作权集体管理条例》,规范了集体管理组织的建立和运作机制。因此,图书馆可以与拥有科学、文学、艺术等作品的著作权集体组织进行一次性著作权转让,简化数字化作品"海量许可"的授权使用手续,以促进知识的广泛传播和利用。

(6)开展国际合作与交流。

在网络环境下生存的数字图书馆,业务活动中必然会涉及跨国版权保护问题。由于知识产权具有地域性特征,导致国家与国家之间法律适用上的差异。因此,我们要加强与不同国家数字图书馆之间的联系,了解国外版权保护制度,借鉴不同国家和地区图书馆在读者管理、技术措施等方面的先进经验,以避免陷入国际性版权纠纷,从而合法地利用国外作品。

第五节 数字参考咨询服务的发展趋势

参考咨询服务起源于19世纪40年代,经过一个多世纪的发展,无论是服务效率还是服务质量都有了显著提高。伴随着社会数字化、网络化进程的不断加快,参考咨询在服务平台、服务方式等方面产生了革命性的转变。事实上,数字参考咨询服务是伴随着网络技术和通信技术的发展而产生的,它体现了数字化社会对信息共享和信息开放的根本要求,是图书馆数字化、信息化的必然产物。可以说,数字参考咨询服务已成为图书馆不可缺少的服务项目。

一、国内外数字参考咨询服务的现状

1.国外数字参考咨询服务的现状

数字参考咨询服务是国外图书情报界率先开展的。1984年,美国马里兰大学健康科学图书馆率先利用电子邮件开展参考咨询服务,用户可以在家里或办公室提出各种各样的咨询问题,参考咨询由此进入了一个全新的境界。1997年英国建立了一个名为 Aska Librarian 的合作式数字参考咨询系统。该系统现有60多个成员图书馆,通过网页表格接收用户的咨询问题。它按照用户地域和年龄将问题以电子邮件的方式分发给合适图书馆的合适的参考咨询人员,参考咨询人员再将答案以电子邮件的方式传给用户。美国俄亥俄州的 Clevent 于2001年6月推出了"Knowit Now",被视为全美第一个全天候数字参考咨询服务项目,此项目一经推出,即备受关注。目前,英美一些图书馆都开展了合作式数字参考咨询服务,比较成熟的有英国公共图书馆网络 EARL 系统(Electronic Access to Resourcesin Libraries)、美国教育部资助的虚拟咨询台系统(Virtual Reference Desk)、美国教育部的 AskERIC、美国密西根大学的因特网公共图书馆(the Internet Public Library,其参考中心为 Reference Center,简称 RC)、美国马里兰大学图书馆的参考服务的电子化访问(the Electronic Accessto Reference,简称 EARS)服务项目、日本九州佐贺五所国立大学图书馆的数字参考服务联盟机制、芬兰的18所公共图书馆联合提供"请问一个图书馆员"(Aska Librarian)的服务等。较为典型的国家性合作式数字参考咨询项目有:

(1)美国的 CDRS。

CDRS 即本书第五章提到的合作式数字参考服务。1999年1月,在美国费城举行的美国图书馆学会会议上,美国国会图书馆在广泛深入调查研究的基础上撰写并递交了建立和开展联合数字参考服务的建议方案。该试验计划于 2001 年 1 月正式启动,并将整个计划分为三个阶段分步实施。2001 年 1 月在美国华盛顿举行的美国图书馆协会冬季会议上,美国国会图书馆与 OCLC 联合举办了一个题为"建立虚拟参考咨询台"的研讨会,并公布了双方合作建立与开展 CDRS 的协议。

CDRS 系统是一个由多个图书情报机构、相关组织和个人共同参与进行参考咨询服务的联合服务系统。它的宗旨是在任何时候都可以为任何地点提出问题的任何人提供专业的参考咨询服务。该系统主要由成员属性文件(Member Profile)、提问管理器(Request Manager)、问答结果集(Result Store)、问答知识库(Knowledge Base)等组成。作为一个全新的网上联合参考服务系统,CDRS 系统的工作流程与服务管理无疑也是一个全新的模式。尤其是如何在网络平台上高度管理整个服务体系是其中的重中之重。一般来说,CDRS 工作流程分为接受提问、分派提问、回复提问、存贮答复和建立问答知识库等五个主要环节。

作为一个全球性的合作计划,CDRS 系统的成员发展很快,至 2001 年 11 月底,来自于澳大利亚、奥地利、保加利亚、加拿大、韩国、新西兰、挪威、新加坡、瑞典、泰国、荷兰、英国、美国等的 200 多家图书情报机构、相关组织与专家咨询网站加入了系统,目前它已成为全球规模最大、服务范围最广的网上数字化参考咨询服务系统。

(2)英国的 Aska Librarian。

英国公共图书馆网络的 EARL(Electronic Accessto Resourcesin Libraries)联合了 100 多所公共图书馆的力量,致

力于对网络资源的开发。英国的公共图书馆网络联盟(the Consortium for Public Library Networking)旨在促进英国公共图书馆经由网络提供高品质的信息服务,如提供的"请教图书馆员"(Aska Librarian)服务就是这样一种服务。Aska Librarian是 EARL 公共图书馆网络联盟提供服务的一部分,是 1995 年开始的英国公共图书馆网上信息获取项目,旨在充分利用网络的优势为图书馆用户和其他公众提供服务。Aska Librarian 于 1997 年 11 月推出,有 40 多个公共图书馆参与,到 2001 年 10 月,成员馆已达 64 个。对成员馆的合作管理采用的是各个图书馆轮流值班的管理制度,即规定某一天内由某个图书馆负责解答用户的咨询问题。该系统通过网页表格接收用户咨询问题,按照用户地域和年龄将问题以电子邮件分发给当天值班的图书馆,参考咨询人员再将答案以电子邮件传给用户。

2. 我国的数字参考咨询服务

与国外相比,我国数字化参考咨询工作起步较晚,但借鉴国外同行的先进经验,在各级政府和社会各界的支持和关注下也有了长足发展。目前在我国比较有影响的项目主要有:

(1)上海市中心图书馆网上知识导航站。

上海市中心图书馆网上知识导航站是在初步实现上海市文献资源共建共享的基础上,由上海图书馆牵头并联合上海的高校图书馆、科研院所等相关机构,率先在国内推出的一个旨在向用户提供高质量专业参考咨询和知识导航的新型服务项目。它以上海地区图书馆及相关机构的馆藏资源为基础,以因特网丰富的信息资源和各种信息搜寻技术为支撑,以上海图书情报界的一批中青年资深参考咨询馆员为依托,通过开发和利用馆藏资源和网络信息资源,实现上海各类图书馆网上参考咨询服务的优势互补,充分发挥图书馆在知识经济社会中为各行业人员服务的知识导航作用。该导航站采用E-form(电子表格)和E-mail(电子邮件)相结合的服务方式,向用户提供服务,并率先在国内开创了合作式数字参考咨询服务方式。为了能让更多的用户在这里得到更多的知识导航,导航站分别与新加坡国家图书馆和大学图书馆、中国香港岭南大学图书馆和中国澳门中央图书馆合作,提供有关新加坡、中国香港和中国澳门信息的咨询服务。该导航站最大的特点是专家问询。现有来自上海图书馆、上海交通大学图书馆、复旦大学图书馆、华东师范大学图书馆、同济大学图书馆、上海社会科学研究院图书馆、中科院上海文献情报中心的17位中青年参考馆员组成的导航专家队伍。专家提供咨询的领域有:社会科学、语言文字、宗教、生物医学、农业、计算机管理、工程技术、化学化工、教育与心理学等方面。

(2)广东省立中山图书馆数字图书馆参考咨询服务中心——联合参考咨询网。

广东省立中山图书馆的联合参考咨询网,是在全国文化信息资源共享工程国家中心指导下,由我国公共图书馆合作建立的公益性服务机构,其宗旨是以数字图书馆馆藏资源为基础,以因特网丰富的信息资源和各种信息搜寻技术为依托,为社会提供免费的网上参考咨询和文献的远程传递服务。联合参考咨询网拥有我国目前最大规模的中文数字化资源库群:电子图书90万种,期刊论文1 500多万篇,博硕士论文23万篇,会议论文17万篇,外文期刊论文500万篇,国家标准和行业标准7万件,专利说明书86万件,以及全国公共图书馆建立的规模庞大的地方文献数据库和特色资源库。中心提供网上咨询、短信咨询、电话咨询和OICQ实时在线咨询等四种方式的服务。该系统是目前中国参与服务的机构和参考咨询馆员人数最多、服务功能最全、服务开放时间最长、服务对象范围最广、提供服务次数最多的数字参考咨询服务系统。

(3)上海交通大学图书馆虚拟参考咨询系统。

上海交通大学图书馆2001年在"985工程"一期建设中启动了虚拟参考咨询系统项目的建设。2002年5月,该馆采用自主研发的CVRS系统,建立了虚拟参考咨询台(Virtual Reference Desk),在校园网上试行。该咨询系统结合chat技术和co-browsing技术,运行在solaris系统上。参考咨询馆员和用户之间通过文字进行交流,也可用画板传达一些用文字难以表达的内容。参考咨询员可以同时为多个用户提供服务,用户之间是屏蔽的。目前该系统共有17名参考咨询馆员。提供服务的内容包括FAQ解答、学习中心、电话咨询、E-mail咨询和实时咨询,其中实时咨询服务仅对校内用户提供。

(4)北京大学图书馆参考咨询系统。

北京大学图书馆于2002年7月以成员馆和CALIS(中国高等教育文献保障系统)集团管理员(CALIS Group Administrator)的双重身份加入QP系统,自2002年10月21日起试运行。在实现QP服务的本地化应用过程中,北京大学图书馆建立了本馆的DRS体系,同时也是QP全球分布式的DRS体系成员。该馆以CALIS集团管理员的身份负责CALIS所有利用QP系统成员馆之间的协调与组织,促进CALIS成员馆之间的DRS共享合作。北京大学图书馆的DRS功能包括E-mail咨询、实时咨询、FAQ解答、学科导航和馆内咨询指南。

(5)清华大学图书馆参考咨询系统。

清华大学图书馆于2003年4月加入QP系统。该馆的DRS系统包括表单咨询、实时咨询、电话咨询和FAQ检索等。

(6)CALIS分布式联合虚拟参考咨询系统。

CALIS即中国高等教育文献保障系统(China Academic Library & Information System,简称CALIS)。CALIS分布式联合虚拟参考咨询系统是由上海交通大学图书馆牵头,联合国内清华大学、北京大学、西安交通大学、复旦大学等著名高校图书馆构建的一个中国高等教育分布式联合虚拟参考咨询平台。该平台以本地化运作为主,结合分布式、合作式的运作,实现知识库、学习中心共建共享的模式。该系统由中心咨询系统和本地咨询系统两级架构组成,中心咨询系统由总虚拟咨询台与中心调度系统、中心知识库、学习中心等模块组成;本地咨询系统由本地虚拟咨询台和本地知识库组成。

(7)国家科学数字图书馆网络参考咨询服务系统。

国家科学数字图书馆网络参考咨询服务系统是由中国科学院国家科学数字图书馆项目组投资研建的,2003年4月正式投入运行。该系统是中国科学院文献情报系统推出的一项DRS和知识导航服务,以中国科学院文献情报系统的馆藏资源为基础,以丰富的网络信息资源和先进的信息检索技术为依托,以中国科学院前沿领域的科学家和资深的图书馆员作为咨询专家,通过开发和利用学科知识、馆藏资源和网络信息资源,为读者提供网上学科文献信息咨询服务和专业知识咨询服务。该系统具有对咨询问题的自动转发、FAQ管理、知识库建立和统计评估等运行与服务功能,在个性化服务、多入口提问、数据检索、问题分配、咨询专家和用户的双向交流等方面具有较鲜明的特点。目前共有40余名参考咨询馆员提供参考咨询服务,非实时咨询的问题三个工作日内即可给予答复。

(8)国家科技图书文献中心。

这是一个由多家图书馆联合组成的虚拟文献信息机构,由中国科学院文献情报中心、工程技术图书馆、中国农业科学院图书馆和中国医学科学院图书馆等单位组成,其参考咨询工作由各成员单位联合承担,面向全国用户提供实时和非实时的数字参考咨询服务。非实时咨询系统由具有多种学科知识背景的30名咨询员提供服务,其中的10名咨询员还同时承担实时参考咨询服务工作。非实时咨询服务用户可以根据咨询员的业务专长选择向合适的参考咨询员提出问题,在三个工作日内即可得到答复。系统设有FAQ和问答知识库,分为基础科学、工程技术、农业科学和医药科学四部分。

(9)浙江省联合知识导航网。

浙江省联合知识导航网是由浙江省图书馆牵头并联合浙江大学图书馆、浙江省科技信息所,为适应不断发展的用户需求而建立的,它通过因特网为广大用户提供高质量的参考咨询服务。该导航网以浙江省图书馆、浙江大学图书馆、浙江省科技信息所收藏的资源为基础,以因特网丰富的信息资源和各种信息搜寻技术为依托,以一批资深参考馆员为网上知识导航员,通过加强对特色馆藏资源和网络信息资源的开发和利用,充分发挥图书馆在知识经济社会中为各行业服务的知识导航作用。

(10)山西省图书馆网上知识导航站。

该导航站以山西省图书馆馆藏文献资源为基础,以互联网上丰富的信息资源和各种信息搜索技术为依托,依靠该馆的资深参考馆员和外聘专家组成的网上导航员队伍,通过对馆藏资源和网络信息资源的开发和利用,满足用户对图书馆信息的需求。导航站体现了现代图书馆的社会教育职能,发挥了信息枢纽的作用。

二、数字参考咨询服务发展趋势

参考咨询工作的实质是图书馆为读者利用文献、搜寻信息提供帮助的活动,起着帮人找书、帮人找信息、满足读者信息需求的作用。随着计算机网络化的发展,图书馆经历了一段由传统参考咨询服务向数字化、网络化参考咨询服务转变的非常时期。参考咨询工作在服务模式、工作方法及服务对象等方面都发生了根本性的变化。总体上来讲,数字参考咨询服务发展趋势体现在以下几个方面:

1. 个性化咨询服务

在信息社会中,信息服务个性化特色将越来越突出,这是信息技术不断发展的结果。个性化参考咨询服务作为图书馆普遍开展的一项服务,其内容主要有三个方面:一是服务时间的个性化,在用户希望的时间和希望的地点得到服务;二是服务方式的个性化,能根据用户个人的爱好或特点来开展服务,把最新、最好的信息用最快的方式传送到读者手中;三是服务内容个性化,所提供的服务是根据用户的特定需要进行的。

数字参考咨询服务是一种更为灵活的、个性化的信息搜集、信息传递、信息获取方式,它在技术设计开发、资源采集利用、服务人员配置、服务政策制定和实施、服务理念构建和深化、管理机制运行和完善等方面都是围绕如何最大限度地满足用户信息需求这个中心而开展,并形成以用户为中心的数字参考咨询服务体系。比如,在技术设计方面,就出现了很多成果:图书馆界开发的 My Library 和 My Gateway 等个性化定制服务系统,提供个性化链接(My Links)和个性化更新(My Updates)服务,开辟个性化公告板服务和发展团体定制服务;数字参考咨询服务使用的信息推送技术是一种保障用户个性化信息需求的技术,通过对信息资源的分类、开发、共享利用,为各种类型的用户建立个性化档案,按用户所需,以固定的信息频道自动地、动态地传送新的信息;清华同方研发的具有个性化信息服务的 TPI 数字参考咨询服务系统,集成了世界最先进的以用户为中心的智能代理技术、个性化定制技术、信息推送技术等支持个性化信息服务的技术。又如上海交通大学图书馆等在研的 CALIS 分布式联合虚拟参考咨询系统包括个性化的学习中心,发布数字图书馆、电子资源的使用指南等学习课件,为用户提供 E-Learning 平台,用户可根据专业定制内容在网上参加学习。"以用户为中心"是个性化服务区别于传统服务的本质特点。以用户为中心包含两层含义:

一是以用户需求为导向设计和安排服务功能与设施;二是创建符合个性化需求的信息环境,为读者提供定向的预定信息与服务,并建立读者个人信息系统。在"用户第一"、"用户至上"服务理念的指导下,围绕用户个性化信息活动和环境,充分集成和动态组合各种资源、工具和服务,动态设计、组织和协调有关服务模式与系统形态,与时俱进,不断探索实现数字参考咨询服务跨越式发展的新路径,逐步并最终建立以用户为中心的数字参考咨询服务模式和管理运行机制,这将是图书馆开展数字参考咨询服务的出发点和归宿。个性化的数字参考咨询服务意味着更深层次、更理想的用户服务水平,是图书馆"以用户为中心"服务宗旨在网络时代的重要体现,代表着未来图书馆更为人性化的发展方向,更接近图书馆工作的终极目标。

2.集成化咨询服务

集成化咨询服务是信息社会中图书馆提供信息服务的发展模式。所谓"集成化信息服务"是指针对某一特定领域或具有某一特点用户的信息需求,把信息资源保障体系诸要素(功能要素、信息要素、技术要素等)有机地连接成一个整体,使用户得到面向主题的信息服务。数字参考咨询服务方式与内容决定了数字参考咨询工作必然要基于多元化的信息资源类型,要采用多种服务方式方提供优质、高效的信息服务。数字参考咨询服务是典型的多资源集成式服务,具体表现在:网络环境下馆藏参考信息源从载体形式到内容都呈现出多元化趋势;咨询服务方式的多样化。因此,在建设参考信息源时必须将传统参考信息源与电子信息源结合使用,对常用的有关数字参考咨询学术站点加以集成,或利用有关信息采集系统的搜索引擎进行集成和整合,将各种资源整合于同一个界面,通过一致的对外接口,让用户能方便、快捷地浏览和访问各种数字信息资源,节省用户访问的时间。如北京大学图书馆为了帮助用户使用电子资源时实现跨平台的一站式检索,和CALIS共同开发了资源统一检索平台,使分布在不同的检索平台上的200余种数据库资源、10万余种电子图书和近20 000种电子期刊实现一站式检索。目前数字参考咨询主要模式有非实时咨询、实时咨询、网络合作式咨询。而每一种服务方式都有自身的特点和优势,但同时也存在一定的局限性。因此,根据用户需求,把 E-mail、FAQ、WebForm、网络聊天、视频会议(Video Conferencing)、网络共享白板、网络呼叫中心等形式结合在一起使用,是数字参考咨询服务发展的一种趋势。如北京航空航天大学图书馆咨询室采用了电子邮件咨询、在线实时问答咨询、电话咨询等相结合的方式,复旦大学图书馆采用了电子邮件咨询、电话咨询、实时问答咨询与读者留言、当面咨询等相结合的方式。

3. 合作化咨询服务

数字时代,合作化咨询是图书馆数字参考咨询服务的发展趋势。这种合作化趋势主要表现在两个方面:一是图书馆间的合作。图书馆在为不同语言、不同地区、不同专业的用户服务时,仅凭一个图书馆的力量是无法完成的,需要各地区甚至全球图书馆的合作。二是图书馆与企业间的合作。数字时代,图书馆加工的信息资源与处理的服务请求是大量的,因此,图书馆需要与其他信息处理企业、信息资源加工企业合作,以共同完成任务。合作会以业务外包等方式进行,社会力量的介入对图书馆信息服务工作起到了积极的促进作用。

由于数字参考咨询个性化服务是一种集知识密集、技术密集和服务密集等特色于一体的服务,单靠一馆的技术力量与资源很难做到资源定制、服务定制。客观上,由于咨询问题日益复杂多样、服务对象和范围不断扩大、人员和资源有限以及服务时间、地点、人员配置等原因,需要图书馆等信息机构充分发挥各馆馆藏和专家资源优势,联合起来协同解答咨询问题。主观上,数字参考咨询服务的合作化与图书馆界倡导的馆际间信息共享、专家共享、服务共享是一致的。多年来图书馆人从不同的角度研究信息资源共享问题,积累了丰富的业务合作经验,如联合馆藏和联合编目等。他们根据资源特点、学科优势、工作时区等选择最合适的图书馆,充分共享信息资源和人才资源,把最佳的解答传送给最终用户。

所以,数字参考咨询服务只有走合作之路,才能取人之长,补己之短,才能形成更强的合力优势和协同效应,这对用户和图书馆来说是一个理想的"双赢"信息服务模式。如美国纽约公共图书馆与 OCLC(美国联机图书馆中心)合作,使用户获得 OCLC 更加全面、周到的服务。同时,还可以通过 OCLC 把自己的服务推向世界,而 OCLC 亦可以通过纽约公共图书馆的馆藏丰富自己的信息资源。

参考文献

[1]马远良.参考咨询工作[M].北京图书馆出版社,2000.

[2]初景利.图书馆数字参考咨询服务研究[M].北京图书馆出版社,2004.

[4]胡萍,蔡清万.美国图书馆参考咨询的起源与发展[J].图书馆,2004(4).

[5]夏侯炳.参考咨询新论[M].江西人民出版社,2004.

[6]詹德优.信息咨询理论与方法[M].武汉大学出版社,2004.

[7]彭艳.对学科馆员制度的一些思考[J].图书馆论坛,2006(5).

[8]罗彩冬,杨永梅.现代图书馆参考咨询[M].海洋出版社,2006.

[9]陈洁.网络实时咨询服务中的参考馆员[J].图书馆,2007(4).

[10]赵晓华.数字环境下图书馆传统服务延伸涉及的若干法律问题[N].新华书目报,2008-11-18.

[11]胡玉文.关于建立图书馆参考咨询服务工作评估制度的探索[J].图书馆论坛,2006(4).

[12]王岚霞.数字环境下参考咨询服务的评价方法[J].图书馆建设,2008(1).

[13]胡斌.论图书馆参考咨询员的素质[J].咸宁学院学报,2004(5).

[14]吴慰慈.图书馆学基础[M].高等教育出版社,2004.

[15]彭斐章.目录学教程[M].高等教育出版社,2004.

[16]文庭孝.网络信息咨询与传统参考咨询比较分析[J].图书与情报,2001(4).

[17]孙琪.试论大数据背景下公共图书馆的信息服务[J].合肥工业大学学报(社会科学版),2015(4)

[18]孙琪.浅谈提升公共图书馆政府信息公开服务[J].中国管理信息化,2015(9)

[19]王继颖,包建中,张粟韫.公共图书馆网上参考咨询服务的调查与分析[J].图书馆研究与工作,2007(2).

[20]李迁廷,王海艳.数字咨询环境下的咨询接谈[J].情报杂志,2004(11).

[21]金武刚.信息咨询与服务.[2008-12-02].http://courseware.ecnudec.com/zts11/zts110/kcdd.htm

[22]赵莉莉.网络环境下参考咨询服务的新模式与新趋势[J].情报探索,2000(4).

[23]吴汉东.知识产权法[M].北京大学出版社,2002.

[24]鲍民明.著作权与公众学习自由权[J].法制与社会,2006(10).

[25]张勇.图书馆的知识产权问题及其应对[J].图书馆建设,2005(3).

[26]刘开国.数字图书馆建设遭遇著作权[J].山东图书馆季刊,2005(3).

[27]韩玲.图书馆数字化新模式中的版权问题[J].电子知识产权,2006(9).

[28]林桦.数字图书馆建设管理中的著作权问题[J].江西

图书馆学刊,2007(1).

[29]张敏勤.信息网络传播权保护与数字图书馆信息资源建设[J].情报理论与实践,2007(2).

[30]吴秀珊.图书馆参考咨询工作分析与运用[J].图书馆工作,2008(2).

[31]李培.数字图书馆原理及应用[M].高等教育出版社,2004.

[32]曹占伟,王桂平.国内外数字参考咨询服务质量控制综述[J].科技信息,2008(25).

[33]张亚,刘跃群.图书馆参考咨询的现状研究[J].农业图书情报学刊,2008(8).

[34]梁平.网络参考信息源评价指标体系的构建[J].现代情报,2009(3).

[35]袁红军.中国式数字参考咨询服务发展现状述略[J].情报杂志,2008(3).

[36]牛敏.数字参考咨询服务发展趋势[J].内蒙古科技与经济,2008(5).

[37]张鹰.数字参考服务几个理论问题研究[J].图书馆论坛,2006(5).

[38]杨义民.美国虚拟参考咨询台协会与CSDL数字参考咨询服务质量评价标准的比较分析[J].情报科学,2008(1).

[39]马艳霞.虚拟参考咨询服务质量评价指标体系研究[J].情报资料工作,2006(2).

[40]袁红军,国内外数字参考咨询服务质量评价指标比较分析[J].图书情报工作,2007(10).

[41]莫少强,谭志超.数字图书馆参考咨询服务的实践与研究[J].图书馆论坛,2002(5).

[42]司马敬敏.关于数字参考咨询服务中法律问题的思考

[J].科技情报开发与经济,2006(16).

[43]张奇.虚拟参考服务的成功范例——CDRS//吴建中主编.战略思考——图书馆发展十大热门话题.上海科学技术文献出版社,2002.

[44]金亚红.数字参考咨询服务在中国的发展前景//吴建中主编.战略思考——图书馆发展十大热门话题.上海科学技术文献出版社,2002.

[45]黄如花.网络信息的检索与利用.武汉:武汉大学出版社,2002.

[46]詹德优.关于新时期参考咨询服务的思考.图书馆杂志,2003(10).

[47]胡海燕,詹德优.我国图书馆虚拟咨询服务的现状与思考.图书馆建设,2003(4).

[48]初景利,吴冬曼.论图书馆服务的泛在化——以用户为中心重构图书馆服务模式.图书馆建设,2008(4).

[49]初景利.图书馆参考咨询的数字化挑战.2003年全国图书馆信息咨询工作学术研究会报告。